Marquis de BEAUCHESNE

HISTOIRE

DE LA

TERRE SEIGNEURIALE DU BOISFROUST

EN NIORT

(Extrait du Bulletin de la Commission historique et archéologique de la Mayenne).

LAVAL

IMPRIMERIE-LIBRAIRIE GOUPIL

1923

Marquis de BEAUCHESNE

HISTOIRE

DE LA

TERRE SEIGNEURIALE DU BOISFROUST

EN NIORT

(Extrait du *Bulletin de la Commission historique et archéologique de la Mayenne*).

LAVAL

IMPRIMERIE-LIBRAIRIE Ve A. GOUPIL

1921

HISTOIRE

DE LA TERRE SEIGNEURIALE DU BOISFROUST

EN NIORT

Le voyageur qui suit la petite route de Lassay à Niort, arrivé à environ un kilomètre de la ville, aperçoit tout à coup devant lui, à un détour de cette même route, encadrées entre deux belles futaies de hêtres et de châtaigniers, les ruines pittoresques de l'ancien manoir du Boisfroust. Déjà, en 1836, ces ruines avaient excité l'admiration de Victor Hugo, en train de parcourir le Bas-Maine septentrional ; après avoir raconté dans une lettre écrite de Fougères à sa femme ses impressions sur notre pays et lui avoir parlé des trois châteaux, comme jetés dans le même tas, qu'on lui avait fait voir successivement lors de son passage à Lassay, le poète ajoutait : « Le troisième (château) n'est qu'une ruine, mais c'est une ruine située au milieu des arbres les plus beaux et les plus farouches du monde [1] ».

Tel avait alors apparu le Boisfroust à l'illustre chef de l'école romantique, et tel il nous apparaît encore aujourd'hui. Du manoir lui-même il ne reste, à vrai dire, que quelques pans de murs terminés par une tour découronnée sans grand caractère ; mais, entre ces ruines et la route, s'élève, leur servant d'entrée, une superbe

---

1. Victor Hugo, *En voyage, France et Belgique*, p. 50 (lettre du 22 juin 1836).

porte renaissance dont les grosses pierres de taille, bien appareillées et quelques-unes vermiculées, rappellent le genre d'architecture du vieux Louvre à Paris. A droite et à gauche de ce curieux monument, qu'on est étonné de trouver dans ce fond de campagne, s'étendent, dominant un fossé large et profond, les murs de clôture (ou du moins ce qui en reste), terminés à chaque extrémité par une tour éventrée, dans l'intérieur de laquelle un arbre a poussé. Un verger sépare aujourd'hui la porte que nous venons de décrire des ruines du manoir ; c'était autrefois la cour d'honneur, comme l'indique suffisamment la cavité circulaire encore apparente qu'on y voit à gauche de l'allée, et qui devait renfermer jadis un bassin avec jet d'eau. Enfin, de l'autre côté de la route, l'ancien jardin potager du château, s'il n'a pas conservé tout à fait sa destination primitive, est toujours à demi entouré de ses vieux murs, et traversé dans toute sa longueur par un immense vivier dont les rebords en maçonnerie sont toujours visibles sous l'épaisse végétation qui les recouvre.

Le Boisfroust, tout l'atteste même dans sa déchéance actuelle, a donc été autrefois un manoir d'une véritable importance. Et comment s'en étonner quand on connaît le haut rang occupé dans la noblesse française par la plupart des seigneurs qui y ont résidé depuis le xiv⁰ siècle jusqu'au xvii⁰ ? Or, c'est ce que la suite de ce récit va nous montrer.

I

Au point de vue féodal, la terre seigneuriale du Boisfroust relevait directement du château de Lassay dont, avant sa réunion en 1647 au domaine du nouveau marquisat, elle était tenue à foi et hommage lige. Elle s'étendait à l'origine sur une grande partie de la paroisse de Niort, avec quelques extensions dans les paroisses environnantes. Il est vrai qu'à une époque que nous ne saurions préciser, mais qui était en tous cas antérieure à la seconde moitié du XIIIᵉ siècle, une notable portion de cette terre, démembrée sans doute à la suite d'un mariage d'une fille de la maison du Boisfroust avec un seigneur du Horps, avait été rattachée à cette dernière seigneurie. Par contre, à partir du milieu du XVᵉ siècle, les seigneurs du Boisfroust étant devenus par héritage seigneurs également du Horps, leur terre primitive s'était trouvée ainsi reconstituée, et même doublée par l'adjonction de celle dont ils venaient d'hériter, ce qui en faisait désormais, après le Bois-Thibault, une des plus considérables de toutes celles qui étaient dans la mouvance de la châtellenie de Lassay.

Le plus ancien seigneur du Boisfroust que nous connaissions est Guillaume du Boisfroust, qui vivait dans la première moitié du XIIIᵉ siècle. En 1243, ainsi que nous l'apprenons d'une charte du cartulaire de Savigny, il approuva, comme seigneur de fief ou du moins comme représentant de Thomas de Mongeroul, le don fait à cette abbaye par Hamelin Guimar d'une acre de terre située près de la ville de Lassay, entre la Touche-Guimard et la terre d'Herbert Bernard [1].

Au commencement du siècle suivant, nous trouvons comme seigneur de la terre qui nous intéresse Jean du Boisfroust, fils ou plus probablement petit-fils du précédent. Nous voyons en effet, en 1307, un « Huet du Boisfroust », peut-être son frère, en tous cas « paroissien de Niort », bailler certains héritages situés en la dite paroisse « ès fiefs Jehan du Boisfroust [2] ». Et les années suivantes, ce même Jean du Boisfroust est également cité avec plusieurs autres seigneurs voisins à la suite de Geoffroy de Vendôme, alors seigneur de Lassay, dans la liste des appelants du Maine et de l'Anjou contre Charles de Valois, comte du Maine [3].

1. Arch. nat., fonds Savigny, L 971, liasse relative à Lassay.
2. Arch. du chât. de Lassay, fonds du Boisfroust.
3. Arch. nat., J 179, n° 107.

C'est avec Pierre du Boisfroust, sans doute petit-fils du Jean qui précède, que commence la filiation certaine et non interrompue des seigneurs du Boisfroust. En 1351, un titre des archives de cette seigneurie nous fait apparaître « Pierre du Boisfroust, escuier, de la paroisse de Niort », vendant à « Geffroy le Bourous, de la dite paroisse », tous « les bians et les corvées que le dit Geffroy estoit tenu faire au dit escuier de la tierce partie du fief de la Besnerie [1] ». Nous savons de même, grâce à des actes authentiques, qu'à des dates indéterminées, mais en tous cas antérieures à 1370, ce même personnage avait, comme seigneur du Boisfroust, abandonné à sa sœur Mahaut du Boisfroust, mariée à Robert Bellemer, la rente qui lui appartenait sur les moulins du château de Lassay [2] ; qu'il avait réuni à son domaine du Boisfroust, « à faute d'homme », le fief de la Chaugonnière [3] ; qu'il avait donné au recteur de l'église de Niort et au procureur de la fabrique de la dite église « 30 sols de rente qu'étaient tenus lui faire les héritiers Michel Trébis, de la maison, etc., de Nior [4] » ; qu'il avait, comme seigneur du Grand-Coudray, en Chantrigné, vendu à Jean Varenne la métairie de la Bouverie, autrement nommée Varenne, située en cette paroisse, sur le bord de la Mayenne [5] ; enfin, qu'il tenait de l'abbaye de Fontaine-Daniel les féages, rentes et hommages de Vieilsol, pour lesquels il avait payé à la dite abbaye 60 sols de rente [6].

Nous savons d'ailleurs par l'acte qui concerne ses rapports avec l'abbaye de Fontaine-Daniel et auquel

1. Arch. du chât. de Lassay, fonds du Boisfroust.
2. Mentionné dans un acte en parchemin de 1273 aux arch. du chât. de Lassay, fonds du Boisfroust.
3. Voir plus loin notre analyse de l'aveu du Boisfroust rendu en 1416 à la châtellenie de Lassay.
4. Remembrances de la seigneurie du Boisfroust pour l'aveu de 1454, déclaration des procureurs de la fabrique de Niort.
5. Arch. nat., P 1344, francs fiefs du Maine.
6. Voir aux arch. du chât., fonds du Boisfroust, l'acte en parchemin du 10 avril 1388 contenant transaction entre Guillaume du Boisfroust et l'abbé de Fontaine-Daniel.

nous venons de faire allusion, que Pierre du Boisfroust avait pour femme Jeanne de Souvré. Celle-ci, qu'il devait avoir épousée avant 1351, était, tout nous porte à le croire, la fille de Macé de Souvré, seigneur de Souvré au Perche, et de Jeanne de la Roussière. Or, s'il en est ainsi, il n'est pas sans intérêt de remarquer que la dame du Boisfroust avait pour nièce et filleule une autre Jeanne de Souvré, fille de son frère Jean et de Colette de Beaumont, qui devait épouser avant la fin du même siècle Guillaume de Mebzon, seigneur du dit lieu en Etrigé, près du Bois-de-Maine [1].

De l'union de Pierre du Boisfroust et de Jeanne de Souvré était issu Guillaume du Boisfroust qui succéda à son père comme seigneur du Boisfroust vers 1370. Ce dernier avait contracté mariage en ces années-là avec Guillemette des Vaux, fille de Geoffroy des Vaux, seigneur du dit lieu en Champéon, et de Marguerite Le Riche, sa première femme, qui avait apporté en dot à son époux la terre de Champmezières, entre Lassay et Montreuil, et celle d'Assé-le-Boisne, « ès paroisses d'Assé-le-Boigne, de Marolles-les-Brault, de Sougé et de Douillé ».

Vers cette même époque, Guillaume du Boisfroust avait fait un héritage assez considérable qui avait beaucoup augmenté l'importance de la terre du Boisfroust. Pierre de Boullay, prêtre, seigneur du dit lieu en Brétignolles, de Septforges et du Bois-de-Maine, étant mort en 1370 ne laissant que des héritiers éloignés, le seigneur du Boisfroust s'était trouvé appelé à partager cette succession avec Briand de Châteaubriant, seigneur de Beaufort et de Chalain [2]. Par quel lien de parenté ces deux héritiers se rattachaient-ils à l'antique famille de Boullay qui possédait Septforges dès la fin du XIIe siè-

<hr>

1. Voir dans le Père Anselme, *La Généalogie de la maison de Souvré*.

2. Voir notre *Notice sur le Bois-de-Maine*, publiée en 1902 dans la *Revue hist. et arch. du Maine*.

cle, et y avait réuni le Bois-de-Maine dès le commencement du XIVe ? Nous l'ignorons. En ce qui concerne Guillaume du Boisfroust, comme nous ne connaissons pas sa grand'mère paternelle, peut-être nous sera-t-il permis de supposer que celle-ci était une sœur de Jean de Boullay qui était seigneur du Bois-de-Maine en 1330 et à qui son frère Pierre avait succédé vers 1350. Quant à Briand de Châteaubriant, comme la généalogie de sa famille ne nous apprend pas le nom de sa mère, il est possible que celle-ci se rattachât, soit directement, soit plutôt indirectement, aux de Boullay. Ce qui est certain, c'est que lors des partages définitifs de la succession dont il s'agit, le seigneur de Chalain eut, en sa qualité de principal héritier, les deux tiers de la terre du Bois-de-Maine, y compris le manoir et la terre de Boullay en Brétignolles ; à Guillaume du Boisfroust était échue la terre de Septforges avec le reste de la terre du Bois-de-Maine.

C'était au lendemain du désastreux traité de Brétigny qui avait clos la première période de la guerre de Cent-Ans, et dans cette guerre la châtellenie de Lassay n'avait pas été épargnée. On sait en effet que les anglo-navarrais, maîtres de la région qui environne Domfront, avaient mis au Bois-de-Maine, transformé en château-fort, une garnison qui, en guerre continuelle avec celle du château de Lassay, resté aux mains des Français, n'avait pas cessé, pendant une dizaine d'années, de 1356 à 1366, de faire des courses et des déprédations dans tout le pays [1]. Rien donc d'étonnant qu'à l'époque où nous sommes arrivés, les moulins de Lassay aient été « ruinés par les guerres et fortunes qui avaient esté le temps passé », ce qui avait empêché Mahaut du Boisfroust d'en percevoir les revenus que son frère Pierre, on s'en souvient, lui avait attribués, et l'avait poussée à demander à la succession de celui-ci une autre assiette

---

1. Voir notre *Notice sur le Bois-de-Maine*, déjà citée.

de la rente à laquelle elle avait droit. C'est pour obtempérer à cette juste réclamation qu'en 1373, son neveu Guillaume du Boisfroust lui avait abandonné ce qu'il possédait dans la paroisse de Forges en la châtellenie d'Alençon, tenu du seigneur d'Ouillé [1]. Les possessions patrimoniales des seigneurs du Boisfroust au xive siècle n'étaient pas, en effet, situées seulement au Maine, dans la châtellenie de Lassay : elles s'étendaient aussi en Normandie, où ces seigneurs possédaient « les fiefs de la Motte du Boisfroust, situés au pays d'Auge, au pays de Carrouges et ailleurs au dit pays de Normandie [2] ».

Au Maine, nous avons vu que les Boisfroust possédaient, dès le milieu du xive siècle, outre la terre de ce nom, celle du Grand-Coudray en Chantrigné. Nous ignorons comment et depuis quand cette terre leur était advenue. Nous ne parlons pas ici de la terre de Champmezières en Niort qui, ainsi que celle de Contest, dans la paroisse de ce nom, près de Mayenne, avait été apportée à Guillaume du Boisfroust par sa femme Guillemette des Vaux.

Le fils de Pierre du Boisfroust avait dû dans sa jeunesse, pendant la première période de la guerre de Cent-Ans, être employé, comme tout bon gentilhomme, aux guerres du temps. Au printemps de 1380 (3 avril), nous le trouvons en Bretagne, parmi les hommes d'armes de la compagnie de Jean III de Bueil qui, sous le gouvernement du connétable de France Bertrand Duguesclin, contribuait à réduire cette province sous l'autorité du roi Charles V. Le 5 septembre de la même année, on le voit à Clery, faisant partie de la « chambre » de Jean de Landivy, et le 1er janvier suivant on le retrouve à Angers, parmi les écuyers de la chambre de Briant de Montejehan.

1. Arch. du chât. de Lassay, fonds du Boisfroust, acte en parchemin de 1373.

2. Voir aux arch. du chât. de Lassay, fonds du Boisfroust, un état des terres et seigneuries possédées à la fin du xve siècle par les seigneurs du Boisfroust.

Fut-il en 1383, comme tant d'autres seigneurs du Bas-Maine, de la chevauchée de Flandres ? Nous ne pouvons nous prononcer à cet égard.

Mais en 1387 il fera certainement partie de la montre de Jean de Landivy quand ce chevalier se disposera à passer en Angleterre à la tête de ses sept chevaliers et de ses quatre-vingt-neuf écuyers. Parmi les autres chevaliers ou écuyers, ses parents ou ses voisins, qui figureront avec lui dans cette compagnie, nous remarquerons Geoffroy et Gervais des Vaux, père et oncle de sa femme [1].

A cette dernière époque, Guillaume du Boisfroust était engagé dans un grand procès avec Jean d'Orenge, seigneur du Perray en Montreuil, mari de Jeanne Le Riche, et par conséquent oncle de Guillemette des Vaux, au sujet de diverses terres échues à celle-ci des successions de sa mère Marguerite Le Riche, de sa grand'mère maternelle Jeanne de Thubœuf, et de son oncle à la mode de Bretagne, Robin Le Riche. Nous avons déjà dit plus haut que la dame du Boisfroust, comme héritière de sa mère, avait apporté en mariage à son mari les terres de Champmezières et d'Assé-le-Boisne. Or, en ce qui concernait la première de ces deux terres, Jean d'Orenge disait « à luy estre et appartenir à certains et justes tiltres la moitié par indevis du dit hébergement, domaine et appartenances de Champmezières, tant en saisine que en propriété, et l'autre moitié estre tenue en son fief et sa seigneurie (du Perray) et luy estre deu 3 sols de debvoir ». Guillaume du Boisfroust soutenait, au contraire, que ce domaine lui appartenait en entier et se refusait à payer de ce fait aucune redevance féodale au seigneur du Perray.

Quant à la terre d'Assé-le-Boisne qui, lors des partages de la succession de Huet Le Riche entre ses deux filles, avait été attribuée à Marguerite Le Riche, pour le

1. D'après l'Abbé Angot, Notice sur Jean de Landivy.

tiers de ce à quoi elle avait droit dans cette succession, le mari de Guillemette des Vaux en contestait la valeur et voulait la soumettre à une nouvelle estimation, prétention que Jean d'Orenge était loin d'admettre. Mais ce n'était pas tout. Deux autres terres étaient échues depuis peu à la dame du Boisfroust et à celle du Perray, savoir le domaine de la Rongère en Niort, près de Champmezières, et la terre de Contest, près de Mayenne, provenant, la première de la succession de leur parent commun, Robin Le Riche, et la seconde de celle de feue Jeanne de Thubœuf, veuve de Huet Le Riche. Là encore Jean d'Orenge et Guillaume du Boisfroust ne pouvaient s'entendre. Tandis que celui-ci prétendait avoir droit, du chef de sa femme, au tiers de la terre de la Rongère, celui-là revendiquait « tout le dit domaine et appartenances comme seigneur de fief par la succession du dit Robin Le Riche qui estoit », paraît-il, « bastard ». Enfin, pour ce qui était de la terre de Contest, Guillaume du Boisfroust, comme pour la terre d'Assé-le-Boisne, niait qu'elle valût réellement le tiers auquel sa femme avait droit dans la succession de son aïeule et réclamait en surplus une somme de 6 livres de rente qui aurait, disait-il, « été jadis promise à Monsour Geoffroy des Vaulx, à cause de feue Marguerite, sa femme », pour parfaire « la tierce partie de cette terre » ; nouvelle prétention qui semblait encore inadmissible à Jean d'Orenge.

Telles étaient les multiples causes du différend qui s'était élevé entre les seigneurs du Boisfroust et du Perray, quand le 3 juin 1386, « par le conseil de leurs amis », ils avaient paru décidés à transiger de la façon suivante : Guillaume du Boisfroust abandonnait toute prétention sur le domaine de la Rongère et se contentait du tiers de la terre de Contest tel qu'il en avait joui jusqu'alors ; de son côté Jean d'Orenge lui cédait la totalité du domaine de Champmezières et consentait à une nouvelle estimation de la terre d'Assé-le-Boisne.

L'acte constatant cette transaction avait d'ailleurs été
« fait et donné aux assises de Tours le samedi veille de
la feste de la Nativité saint Jean-Baptiste, 23ᵉ jour du
mois de juing l'an de grâce 1386 [1] ».

Cet acte, il est vrai, indiquait plutôt la façon dont
les parties pourraient s'accorder qu'il n'établissait
entr'elles un accord définitif. Il s'agissait de savoir si le
résultat de l'estimation prescrite par la transaction de
1386 serait accepté de part et d'autre. Or, c'est le contraire qui advint. Jean d'Orenge s'étant refusé à tenir
compte à Guillaume du Boisfroust de l'indemnité à
laquelle celui-ci avait été reconnu avoir droit, il s'ensuivit un nouveau procès qui, cette fois, fut porté devant
la cour du Parlement de Paris. Cette suprême juridiction donna raison au seigneur du Boisfroust et condamna son adversaire à lui « asseoir 21 # de rente et
les arrérages d'icelle », etc. [2]. Et comme Jean d'Orenge
semblait peu empressé de se conformer à l'arrêt pro-
noncé en si haut lieu, on vit Alleaume Cachemarée,
huissier du Parlement, se transporter par devers le
seigneur du Perray dans sa terre du Bas-Maine pour
mettre le dit arrêt à exécution. Il « assit au dit escuier la
dite rente sur certains domaines et héritages déclarés
en la dite assiette, et au défaut de biens meubles pour
les arrérages qui montent à la somme de 733 # et 4 sols
ou environ,... il procéda à la prise, saisie et mise en la
main du roy des terres, appartenances et dépendances
du Perray, appartenant au dit chevalier, les exposa en
vente, et de ce fait en fit faire deux criées, et, pour
faire les actes qui estoient à faire, commit et ordonna
certaines personnes au lieu de lui en la manière acous-
tumée [3] ».

1. Arch. de Lassay, fonds du Boisfroust, acte en parchemin.
2. Arrêt mentionné dans des lettres royales du 20 mars 1394,
intervenues dans le procès en question.
3. Voir les considérants des lettres royales du 20 mars 1394 déjà
citées.

Mais on pense bien que l'arrêt du parlement et surtout son exécution avaient excité au plus haut point la colère de Jean d'Orenge. Les seigneurs de cette époque étaient naturellement très violents et très passionnés, et celui du Perray, loin de faire exception à la loi commune, avait, dès sa jeunesse, montré de quoi, sous ce rapport, il était capable. N'était-ce pas lui qui avait enlevé par force sa future femme à ses parents, avait été poursuivi de ce chef pour rapt et n'avait dû qu'à des lettres de rémission en forme [1] d'échapper aux graves conséquences de son action peu recommandable ? Aussi ne nous étonnons-nous pas de savoir que, quand l'agent du parlement était venu dans le Bas-Maine pour remplir la délicate mission qui lui avait été confiée, Jean d'Orenge et les siens s'étaient opposés par la violence à l'exécution de l'arrêt. Nous voyons en effet, à la date du 9 mars 1394, dans une plaidoirie en parlement, Guillaume du Boisfroust se plaindre de ce que le seigneur du Perray et les siens lui avaient fait plusieurs menaces… que l'arrêt obtenu par lui en la cour contre le dit d'Orenge n'avait pu être exécuté « obstans les rebellions et empeschemens des dits d'Orenge ». Maître Guy d'Orenge, chevalier, fils aîné de Jean, « manda », disait-il encore, « à Boisfroust qu'il veinst parler à luy en seureté, et y vint, et le prist le dit Maître Guy par le bras, et ainsi qu'il le tenoit, Michiel, frère du dit Maître Guy, frappa d'une dague sur le dit du Boisfroust, et ne le laissa point aller le dit Maître Guy, mais luy dist qu'il n'en auroit plus, et tira le dit Maître Guy son espée. et le voult férir ». Le seigneur du Boisfroust ajoutait que depuis, « pour ce que on faisoit criées des héritages et possessions des dits d'Orenge, le dit Maître Guy et plusieurs autres sont venus le menacer en son hostel (du Boisfroust) de le tuer, et ont depuis faict assemblées de gens d'armes pour battre, villener et tuer ceulx qui

1. Arch.nat., JJ 82, n° 114, fol. 77.

faisoient les dites criées des dits héritages, et tellement que le dit arrest n'a pu estre exécuté, et n'ose demourer le dit Boisfroust au pays... »

C'est à la suite de ces violences que le procureur du roi avait fait emprisonner Guy d'Orenge, et, intentant contre lui un procès criminel, demandait au Parlement qu'il fût « puni en corps et en biens comme pour asseurment enfreint », et, « de ce que Michel (d'Orenge) a fait, le dit Maître Guy en estre tenu pareillement que seroit le dit Michel, car Maitre Guy est aisné du dit Michel ; et que la vérité des choses dessus dites soit sceue par la bouche du dit Maître Guy... » Le procureur du roi demandait en outre que Guy d'Orenge fût condamné à « réparer les excès par luy commis » et qu'il fût puni de « telle peine que la cour ordonnera », et « en la somme de cent livres », et « à tenir prison jusques à tant que du contenu au dit arrest... icellui Boisfroust soit satisfaict à plain, et que le dit Maître Guy ne parte de prison s'il ne baille caution bourgeoise et suffisante et qu'il baille asseurement au dit Boisfroust et lui soit baillé en garde [1] ».

Enfin, le 20 mai 1354, il fut fait en la cour du Parlement certain accord entre Guy d'Orenge et Robin des Planches, d'une part, et Guillaume du Boisfroust d'autre, « selon le contenu en une cédule baillée par devers la court par les dites parties pour se présenter en leurs personnes d'un commun accord et consentement », et à cette occasion la cour fit défense au fils aîné du seigneur du Perray, « sur peine de 200 marcs d'argent, et plus au besoin, de faire tort en aulcune manière au dit du Boisfroust, lequel, pour seureté, fut par elle baillé en garde au dit Maître Guy et prins en la sauvegarde du Roy et au sauf conduit de la cour de céans [2] ».

Que contenait cette cédule sur laquelle les parties s'étaient ainsi accordées ? On y voyait d'abord que

1. Arch. nat., X 2a 12, fol. 242 et suivants.
2. Lettres royales du 20 mars 1394, enregistrées au Parlement.

Maîtres Jacques Bouyx et Jean Dudrac, conseillers du roi, ayant été commis par la cour de Parlement pour prendre connaissance des demandes que faisait le seigneur du Boisfroust, et ayant entendu séparément, puis contradictoirement, chacune des parties, « considérans la grant affinité et amour qui est et doibt estre nourrie entre les dits d'Orenge et Boisfroust, et aussi certain voyage que le dit Maître Guy a en espérance de faire oultre mer ou plaisir de Dieu », avaient décidé que, sans préjudice de l'arrêt exécutoire donné par le Parlement sur le fonds de l'affaire et de ses conséquences, « le dit Maître Guy seroit eslargi partout pour aler en son dit voyage sur les peines et submissions accoustumées en cas criminel », et que, « dedans deux mois après son retour du dit voyage », il comparaîtrait « en l'état qu'il est en la dite cour de Parlement pour estre à droit », etc. En vertu du même accord, Guillaume du Boisfroust devait s'en aller au Bas-Maine « en la garde et seureté du dit Robin des Planches », et là « y traictier et accorder avec les dits d'Orenge... sur toutes les choses qu'ils ont et peuvent avoir à faire ensemble » et « sur peine de 1.000 # », et, dans le cas où ils ne pourraient « estre d'accord », Robin des Planches s'engageait à « ramener le dit escuier seurement et sauvement en la dite ville de Paris ung moys après Pasques prochain venant [1] ».

C'est alors que par un acte, passé en la cour de Parlement le 16 juin 1395, les parties s'accordèrent cette fois sur les bases suivantes : Robin des Planches, au nom et comme procureur de Jean d'Orenge et de Jeanne Le Riche, consentait à ce que les partages autrefois faits entre le dit chevalier et le seigneur du Boisfroust demeurassent en leur force et vertu, et, en ce qui concernait « le parfait de la tierce partie de la succession et eschoite de feu Hue Le Riche et de sa femme dont Guillaume du

---

1. Lettres royales du 20 mars 1394.

Boisfroust, à cause de sa femme, faisait demande aux dits chevalier et dame », ceux-ci « lui bailleroient et assureroient 30 # de rente annuelle et perpétuelle dont et pour lesquelles le dit escuier prendroit la terre de Contest pour le prix que cette terre serait reconnue valoir de rente annuelle par la coutume du pays, en en déduisant les charges et devoirs ». Ainsi, si la terre en question dépassait en valeur les dites 30 # de rente annuelle et perpétuelle, le surplus serait à Jean d'Orenge et à sa femme ; si, au contraire, la valeur en paraissait inférieure, Guillaume du Boisfroust recevrait en compensation une rente annuelle et perpétuelle inféodée sur la terre du Perray ; de plus l'assiette de ces 30 # de rente devrait être faite et accomplie par l'ordonnance du seigneur du Boisthibault, « Messire Jehan de Logé », et du beau-père du seigneur du Boisfroust, « Messire Geoffroy des Vaulx, chevalier », et ce « dedans la Magdelaine 1395 [1] ».

Par suite de cet accord, Jean de Logé et Geoffroy des Vaux se rendirent dans le temps prescrit sur la terre de Contest, en la présence de Jean d'Orenge et de Guillaume du Boisfroust, et l'estimèrent à « la somme de 25 # de rente en revenu annuel et perpétuel, déduction faite des charges et devoirs », et déclarèrent « par leur ordonnance et du consentement du dit Maître Jean d'Orenge que le dit seigneur du Boisfroust, escuier, et ses hoirs » tiendraient et posséderaient « les dites choses pour l'assiette des dites 30 # de rente ».

Enfin, le 16 avril 1396, par un acte passé en la cour de Laval, Jean d'Orenge et Jeanne Le Riche ratifièrent le jugement d'après lequel le seigneur du Boisfroust et sa femme devaient tenir et posséder dorénavant toute la dite terre de Contest [2].

Ainsi finit ce long procès qui avait duré près de dix

1. Arch. nat., X¹ᵃ 70, fol. 366.
2. Arch. du chât. de Lassay, fonds du Boisfroust, acte original en parchemin.

ans et au cours duquel le seigneur du Boisfroust, en butte aux menaces de son terrible parent et voisin, avait eu à craindre pour sa vie.

Ce n'est pas du reste le seul procès que Guillaume du Boisfroust ait eu à soutenir. En 1388, il s'était trouvé en contestation avec l'abbé et le couvent de Fontaine-Daniel au sujet de cette même terre de Contest dont il avait, nous l'avons vu, hérité quelques années auparavant. Les moines prétendaient en effet que l'aïeule de Guillemette des Vaux lui avait légué par son testament 15 livres de rente pour fonder une chapellenie en leur monastère pour le salut de son âme et des âmes de ses prédécesseurs et successeurs, et ils réclamaient à Guillaume du Boisfroust, comme possesseur du tiers de la terre de Contest, le tiers de cette rente dont Jean d'Orenge et sa femme avaient déjà acquitté leur part ; de plus, ils lui réclamaient encore 60 sous de rente qu'il était tenu leur faire à cause des féages, rentes et hommages de Vieilsort. Après avoir d'abord résisté à cette double prétention de l'abbé de Fontaine-Daniel, le seigneur du Boisfroust finit par se décider à une transaction, mû surtout par le désir que le service divin fût fait « par l'ordonnance du testament de la dite Jeanne de Tubœuf ». Aux termes de cette transaction, le mari de Guillemette des Vaux et leurs hoirs devaient tenir de l'abbé de Fontaine-Daniel et de ses successeurs « à toujoursmès les féages, rentes et hommages de Vieilsort à 4 deniers t. de rente, avenant semonce, chascun an au jour de l'Angevine, sans foy et hommage, retenu et réservé au dit abbé et à ses successeurs à avoir ès dits féages et hommages de Vieilsort la haute et moyenne justice et au dit sire du Boisfroust coustumes, espaves et ventes (avec) l'obéissance des hommes des dits féages à tourner à son moulin (du Boisfroust), et tout ce qui appartient à la basse vaerie [1] ».

<hr>

[1]. Arch. du chât. de Lassay, fonds Boisfroust, acte original en parchemin.

Outre les deux procès que nous venons de relater, Guillaume du Boisfroust en avait eu un troisième aux environs de 1391 avec son suzerain Robert de Vendôme. Celui-ci croyait, et cela semblait assez vraisemblable, que la terre du Bois-de-Maine, si rapprochée du chef-lieu de sa châtellenie, était comprise dans la mouvance de Lassay, ou tout au moins qu'il y pouvait revendiquer le droit de haute justice. Aussi, le seigneur du Boisfroust ayant voulu, comme il y semblait autorisé par des précédents, faire prendre connaissance par ses officiers du Bois-de-Maine « de l'escondit des trois cas que l'on dit les trois grans cas de haulte justice, c'est asçavoir meurdre, rapt et larcin », Robert de Vendôme n'avait pas tardé à s'y opposer. De là d'assez longues procédures portées d'abord devant le bailli de Touraine, puis devant la cour du Parlement à Paris. A la fin cependant, le seigneur de Lassay, n'ayant pas pu soutenir jusqu'au bout ses prétentions, s'en désista par un acte en bonne forme [1].

En 1399, Guillaume du Boisfroust reçut l'aveu de Guillaume de la Fosse pour la terre, hébergement, domaine et appartenances de la Fosse que ce dernier tenait de lui à foi et hommage simple [2]. Cette terre de la Fosse, voisine du manoir du Boisfroust, et où l'on voit encore aujourd'hui, dans les bâtiments de ferme, les restes d'un ancien manoir du XIIIe siècle, avait dû être démembrée au siècle précédent de la terre dont nous faisons l'histoire, en faveur de quelque cadet de la maison du Boisfroust qui, selon l'usage du temps, en avait pris le nom. Un de ses descendants, Messire Pierre de la Fosse, était en 1370 recteur de l'église de Niort [3], et en 1387 Guillaume de la Fosse, écuyer, frère ou neveu

1. Arch. du chât. de Lassay, fonds Boisfroust, acte original en papier.

2. Arch. du chât. de Lassay, fonds Boisfroust, original en parchemin.

3. Arch. nat., P 1343, francs fiefs du Maine.

de ce dernier, avait eu un démêlé avec les « jurez et collecteurs de la peroisse de Niort pour le fait de l'aide octroié de nouvel ès diocèse et comté du Maine ». Ceux-ci avaient voulu le taxer et imposer « au taux de la dite paroisse ». Mais il s'adressa aux « commissaires du roy et du duc d'Anjou », et leur représenta qu'il était « noble et extait de noble lignée » et avait fréquenté la guerre le temps passé « en la compaignie de nos dits seigneurs et de plusieurs aultres capitaines commis de par nos dits seigneurs contre les ennemis du royaulme », comme cela résultait d'ailleurs d'une attestation signée de « Messire Jehan d'Orenge, chevalier, Raoullet de Chantepie, Guillaume de Vieuxmont, Guillaume de Moré, escuiers, et de frère Jehan Benisme, hospitalier ». Tenant compte de cette réclamation si bien appuyée, présentée par Guillaume de la Fosse, et aussi de sa protestation d'être « tout prest, toutes fois que le cas escherra, de respondre aux convocations qu'il recevrait, ce suffisamment armé, monté, et appareillé en armes et en chevaux », les commissaires du roi le firent exempter de la contribution à l'aide[1]. Ajoutons que ce Guillaume de la Fosse, le même peut-être que le Guillaume de 1399, et marié probablement à la sœur de Raoullet de Chantepie, un des nobles qui avaient signé son attestation, devait avoir pour fils Raoullet de la Fosse cité en 1411 parmi les 231 écuyers de la compagnie de Jean d'Ivoy dont la montre fut reçue à Chartres.

En 1401, Guillaume du Boisfroust eut à son tour à faire foi et hommage à Charles de Vendôme qui venait de succéder comme seigneur de Lassay à son père, Robert de Vendôme. D'après l'acte qui constate cette obéissance féodale, il présenta le 2 décembre de cette année-là, aux pleds de Lassay tenus par le bailli Michel Hellier, un aveu par lequel il reconnaissait être homme de foi lige « au regard des chastel et chastellenie de

---

1. Arch. du chât. de Lassay, fonds Boisfroust, original en parchemin.

Lassay pour raison et à cause de » son « hébergement,
domaine et appartenances du Boisfroust, tant en fief que
en domaines avec tel droit de voairie et signourie comme mes prédécesseurs et moy avons acoustumé avoir
user et expleter esdites choses pour tant que a d'icelles
en vostre nuesse... sauf à vous déclarer lesdites choses
plus à plain... » et « par raison d'icelles choses » il reconnaissait être tenu lui « faire poier par chascun an au
terme d'angevine, 40 soulx t. de taille.... [1]. »

Vers cette même époque, il s'était trouvé avec Jean de
Landivy, écuyer, parmi les co-héritiers de Jean d'Astillé
dans la succession duquel était compris le fief du Haut-
Froullay en Couesmes, dans la châtellenie d'Ambrières [2].
C'est à cette occasion qu'il eut une partie de ce fief que
sa fille Marie porta plus tard dans la maison de Saint-
Berthevin.

On n'a pas oublié que la terre du Grand-Coudray en
Chantrigné faisait, depuis le milieu du XIVᵉ siècle au
moins, partie des dépendances de celle du Boisfroust.
C'est en cette qualité de seigneur du Coudray que Guillaume du Boisfroust transigea en 1403 avec « messire
Jehan Varenne, prêtre, recteur de Saint-Martin de
Cigné, » au sujet de la possession de la métairie et du
moulin de Bellay, situés près et sur la Mayenne. Par
l'effet de cette transaction, le seigneur du Boisfroust
garda la propriété de la métairie, mais le curé de Cigné
eut celle du moulin [3].

Guillaume du Boisfroust était mort à la date du 17 novembre 1407. Il avait eu de son union avec Guillemette
des Vaux trois fils, Jean l'aîné, Guillaume, Jean le jeune,
et une fille, Marie.

Une des premières préoccupations de la veuve de

---

1. Arch. du chât. de Lassay, fonds du Boisfroust, original en parchemin.

2. Arch. du chât. de Lassay, fonds du Boisfroust, original en parchemin.

3. Arch. du chât. des Yvets, près Cigné.

Guillaume du Boisfroust et de son fils aîné semble avoir été d'obtenir du roi Charles VI un mandement aux juges des différentes juridictions où ils avaient des terres avec hommes et sujets d'avoir à contraindre ceux-ci à comparaître sans délais aux assises de ces terres et d'y rendre leurs obéissances féodales. Nous possédons le mandement dont il s'agit et dont les considérants ne sont pas sans intérêt pour nous, car ils nous apprennent que la dame du Boisfroust et son fils avaient « plusieurs hommes et subjets » non seulement « ès courts et assises du Mans, de Maenne la Juhez, de Laçay et ailleurs au Maine », mais aussi « en Anjou, à la court de Châteauneuf. » En effet la terre et seigneurie de Contigné, non loin de Châteauneuf, faisait partie de la succession de Guillaume du Boisfroust [1].

Cependant Geoffroy des Vaux, qui était plus qu'octogénaire, avait précédé ou suivi son gendre dans la tombe à quelques mois seulement d'intervalle. Il laissait comme héritiers, outre la dame du Boisfroust, l'unique enfant issu de son premier mariage avec Marguerite Le Riche, un fils et deux filles nés d'un second mariage contracté par lui avec Marguerite d'Avaugour ; ce fils était Jean des Vaux, le futur capitaine de Mayenne, dès lors marié avec Jeanne de Vendôme, la sœur du seigneur de Lassay ; et les deux filles étaient Jeanne, femme de Guillaume de la Palu, seigneur dudit lieu en Saint-Mars-sur-Colmont, et Marie, femme de Michel de Marcillé. Assurément on ne saurait s'étonner qu'entre la fille de Marguerite Le Riche et les enfants de Marguerite d'Avaugour, il se soit élevé quelques difficultés au sujet du partage de la succession de leur père commun. Or ces difficultés portèrent sur le point suivant : Guillemette des Vaux réclamait « certaines parts et portions qu'elle » disait « avoir ès héritages de feu (Geoffroy des Vaux), son père, » et aussi « ès acquets » qu'elle disait « avoir esté faiz durant le

1. Arch. du chât. de Lassay, fonds du Boisfroust, acte original sur papier.

mariage de feu son père » et « de feue Marguerite Le Riche, sa première femme. » Quant à Jean des Vaux, il prétendait que sa sœur, ayant eu tout l'héritage de sa mère, n'avait rien à demander en plus. Le différend qui avait ainsi brouillé, au moins momentanément, la dame du Boisfroust et le seigneur des Vaux nous est attesté par deux actes, l'un du 17 novembre 1407, et l'autre du 28 août 1408 [1]. Nous ignorons comment il se termina et la part que recueillit la mère de Jean du Boisfroust dans la succession de son père.

En 1408, le nouveau seigneur du Boisfroust reçut, comme propriétaire du noble fief de la Motte en Forges, près d'Alençon, l'aveu de Jean Adam pour certains héritages situés dans cette paroisse. Comme on le voit, après le décès de Mahaut du Boisfroust, morte évidemment sans enfants, la terre de Forges était retournée à son neveu Guillaume du Boisfroust, père de notre Jean. Du reste, dans l'aveu de Jean Adam, celui-ci est qualifié : « chevalier » [2]. Dans les années suivantes, nous voyons le seigneur du Boisfroust jouer un certain rôle dans l'histoire militaire du temps. C'est ainsi qu'en 1411 il figure comme chevalier-bachelier dans la compagnie de Jean de Craon, seigneur de la Suze et d'Ambrières, compagnie dont la montre eut lieu à Étampes le 6 décembre, et qui était composée en grande partie de gentilshommes du Bas-Maine. Parmi les écuyers de la même troupe servait également Guillaume du Boisfroust, frère cadet de Jean, lequel, l'année précédente, s'était déjà trouvé au nombre des dix-huit écuyers de la compagnie de Robert du Buat.

Mais Jean du Boisfroust n'était pas seulement un des guerriers de l'époque ; il avait su conquérir la faveur du roi Charles VI qui en 1414 l'avait fait son chambellan,

1. Actes originaux aux arch. du chât. de Lassay, fonds du Boisfroust.

2. Arch. du chât. de Lassay, fonds du Boisfroust, acte original en parchemin,

comme nous l'apprennent les lettres de retenue en cet office dont il fut honoré :

« 1414, 7 mars.

« De part le roy,

« Maistres de nostre hostel, et tous maistres et conterôleurs de nostre chambre aux deniers, sçavoir vous faisons que nous, confians à plain des grans sens, souffisance, loyauté, preudomie et bonne diligence de nostre amé et féal chevalier Jehan du Boisfroust, et aussi pour consédération des bons et agréables services qu'il nous a faiz le temps passé en noz guerres et autrement en plusieurs et maintes manières, et fait chascun jour, et espérons que encores fera ou temps advenir, et pour certaines aultres causes et considérations à ce nous mouvans, iceluy Jehan avons aujourd'hui retenu et retenons par ces présentes nostre chambellan aux gaiges, hostellaiges, livraisons, honneurs, prérogatisves, franchises, libertez, droicts, proffits et esmolumens acoustumez.

« Par le roy, les seigneurs de Préaux, de Bacquener et de Chambrillet [1]. »

A cette même époque, ce n'était plus avec son frère, mais avec ses fils que Guillemette des Vaux se trouvait en contestation d'intérêts au sujet de son droit de douaire. Elle prétendait que « par la coustume et usaige du païs », ce droit lui était acquis sur les héritages demeurés du décès de Guillaume du Boisfroust « tant en ceulx estans ès duchiés de Bretaigne, d'Anjou, de Normandie que de la comté du Maine », c'est-à-dire que « la tierce partie de toutes et chascunes icelles terre et possessions luy » compétaient et devaient « compéter, pour icelles tenir et avoir par manière de douaire, le cours de la vie durant d'elle » ; et elle requérait en conséquence que « d'icelle tierce partie et des fruiz, prouffits, revenues et esmolumens d'icelles » ses fils la laissassent jouir et lui rendissent et restituassent « ce que prins et levé en avoit par eux esté depuis

---

1. Arch. du chât. de Lassay, fonds du Boisfroust, original en parchemin.

la mort de leur dit père, ou 500 livres pour la valeur de ce. »

Telle était la prétention en matière de douaire de la veuve de Guillaume du Boisfroust, prétention à laquelle ses fils s'opposaient. Selon eux, leur mère n'avait droit à aucun douaire « pour ce qu'elle estoit dame de terre », et « par la coustume de pays d'Anjou et du Maine, nulle femme noble héritière ou dame principale de terre (ne possédait-elle pas du chef de ses parents les terres d'Assé-le-Boisne et de Contest ?) ne doibt avoir aulcun droit de douaire sur les héritages de son seigneur époux, sinon que au traité de son mariage il lui ait esté *en convenantilé* », ce qui n'avait pas eu lieu. Enfin « pour bien de paix, pour contens eschever, et pour tousjours estre et demourer en bonne amour » avec leur mère, Jean du Boisfroust et ses frères firent avec elle, en date du 1er mai 1416, une transaction aux termes de laquelle ils lui baillèrent « toutes et chascunes les terres et possessions qu'ils avoient et pouvoient avoir ès païs et duchié de Normandie et en la chastellenie et terre de Laczay, » pour en jouir « comme usufruictière et douairière.... le cours de sa vie seulement durant. » Par contre, Guillemette des Vaux renonçait à rien prétendre sur les autres héritages de ses fils « situez et assis tant en Bretaigne, Anjou, que le Maine » (1416) [1].

Cet acte a ceci surtout pour nous d'intéressant qu'il nous apprend que les seigneurs du Boisfroust possédaient alors une terre en Bretagne. Nous ne savons malheureusement pas quelle était cette terre qu'avait dû apporter à leur maison dans la première moitié du siècle précédent la mère de Pierre du Boisfroust. Quant à la terre d'Anjou à laquelle il est fait allusion, c'est, nous l'avons vu, la terre de Contigné [2]. Enfin les terres du Maine non comprises dans la châtellenie de Lassay étaient,

1. Arch. du chât. de Lassay,
2. Nous verrons en effet que cette terre fut vendue en 1428 par Jean du Boisfroust.

est-il besoin de l'ajouter ? celles du Petit-Bois de-Maine et du Coudray en Chantrigné.

La mère de Jean du Boisfroust était donc désormais dame douairière et usufruitière des terres du Boisfroust et de Septforges, sans parler des autres terres de Normandie, ce qui n'empêchait pas son fils d'être, au point de vue du fond, le véritable seigneur propriétaire du Boisfroust, et à ce titre, c'était à lui qu'incombait l'obligation de faire les obéissances féodales dues aux seigneurs des différentes terres possédées par sa famille. Aussi le voyons-nous, à la date du 1er juillet de la même année, rendre à Charles de Vendôme son aveu et dénombrement pour la terre du Boisfroust.

Il se qualifie en cette occasion, comme il l'avait fait dans les actes précédents, « chevalier », et il reconnaît être « homme de foy et hommage lige », au regard du « chastel et chastellenie de Lassay » pour raison et à cause de son « hébergement, terre et appartenances du Boisfroust tant en fief que en domaine. » Puis il entre dans le détail de son aveu en commençant par le domaine dont voici la description : « Premièrement mon houstel, habergement, manoir et maisons du Boisfroust avec les jardins et courtils, les réservoirs à mectre poysson joignant et proches mon dit houstel et le boys dudit lieu. *Item* deux estangs, l'un appelé l'estang d'Angleune et l'autre le grant estang sis au dessus de mon moulin du Boisfroust avec tous les prouffits... *Item* mon domaine du Boisfroust [1] o ses appartenances où il [y] a trois maisons... et y a de terre labourable 100 journaux ou environ. et 10 journées en hommes fauscheurs,... et ma garenne, murgiers et faulx o connis et plesses dudit lieu... *Item* mon domaine où il [y] a une maison... et de terre labourable 30 journaux ou environ, avec le boys et vallée dudit lieu... 3 journaux à hommes fauscheurs, duquel domaine de la Chaugannière feu monseigneur mon père

---

1. Ce domaine était sans doute la ferme actuelle de la Haute-Cour.

fist de son fief son domaine. *Item* ay droict et raison d'avoir, prendre et lever ou recepvoir par chascun an ès moulins blairez et foullerets de Laczay, quant ils sont en estat, la moytié de tous et chascuns les prouffitz et revenues venans auxdits moulins, et en doy, quant le cas y escheet, poier et rendre la moytié de tous les cousts et mises nécessaires à la réparation et ad ce suy contributif.

« *Item* mon habergement, domaine, terre, appartenances de la Fousse tant en fief que en domaine dont j'ay faict de mon fief mon domaine [1], et dont la déclaration cy après s'enssuyt : Premièrement le habergement et estre dudit lieu, ouquel il a troys maisons... 50 journaux de terre labourable ou environ, et journées de 7 hommes fauscheurs de pré ou environ ; *item* l'estre et lieu de la Bobayrie [2] où il [y] a deux maisons... 35 journaux de terre labourable ou environ, et journées de 2 hommes fauscheurs ;... *item* la moytié par indivis du moulin d'Yerré avec la moytié des prouffitz, revenues et esmolumens... sis en la rivière de... »

Après cette description du domaine, vient l'énumération des vassaux, d'abord au regard de la seigneurie du Boisfroust, puis au regard de celle de la Fosse.

Les vassaux nobles du Boisfroust étaient d'abord Guillaume des Hayes qui devait « foy et hommage simple pour raison et à cause des chouses » qu'il tenait de cette seigneurie : il s'agit sans doute ici du seigneur des Haies, terre seigneuriale située dans la paroisse de Chantrigné, qui relevait directement de la châtellenie de Lassay, mais dont certaines dépendances pouvaient bien être comprises dans la mouvance du Boisfroust.

Les autres vassaux nobles étaient les seigneurs du Brouilleit et d'Aillevert.

---

1. Comme on le voit, Jean du Boisfroust avait dû exercer dans les années précédentes le retrait féodal de cette terre, vendue par Guillemin de la Fosse ou son fils Raoullet.

2. Ce qu'on appelait alors la Bobayrie, était probablement le village actuel des Baries en Niort, non loin de la Fosse.

Les autres vassaux, en leur qualité de roturiers, étaient assujetis à des sommes de deniers plus ou moins considérables et à diverses redevances ou corvées. Comme ils étaient très nombreux, nous nous bornerons à citer les principaux, c'est-à-dire les détenteurs de lieux dits. C'étaient ceux de la Hamelinière, de la Bernardière, de la Rocherie, de la Métairie, de la Basse-Chauganière, de la Boberie, de Beauvais, de la Bermerie, des Hautes et Basses-Rousses, de la Futaye, de Chastenay, de la Gauterie, de la Roirie, etc.

Les vassaux de la seigneurie de la Fosse étaient tous roturiers ; c'étaient les détenteurs de Louverné, de la Heudrière, de la Roussière, de la Baubayrie (les Baries ?), de Cormeilles, de la Gesnotière, etc.

On remarquera, si l'on jette les yeux sur une carte d'état-major que, entremêlés aux divers lieux dits que nous venons d'énumérer, il s'en trouve un certain nombre qui ne faisaient partie ni de la seigneurie du Boisfroust, par exemple les lieux dits de Guené, ou de la Monnerie, de la Haye, de la Guilleberdière, de la Landelle, de Cybois, de Beauchêne, etc. C'est que ceux-ci avaient été rattachés à une époque très ancienne, comme nous l'avons dit en commençant cette étude, à la seigneurie du Horps.

Nous avons dit qu'outre la taille en sols et deniers, les vassaux de la double seigneurie du Boisfroust et de la Fosse étaient assujettis à certaines redevances et corvées. Ces redevances étaient des poulailles ou gelines, et des mesures d'avoine ou de blé. Quant aux corvées, elles consistaient à fournir tous les ans un plesseur, un batteur, un cercleur, un semeur au domaine du Boisfroust, à amener et charroyer les foins audit lieu, à *charruer* et labourer audit domaine à un jour fixé, enfin à *bienner* au moulin du Boisfroust « quant nécessité » y était » et suivant semonce.

En terminant sa déclaration féodale, Jean du Boisfroust avouait le droit de *justicer* ses vassaux « pour le deffaut de » se « faire poier les deniers et servitudes cy dessus desclarées ; ainsi que le droit d'avoir sur eux coustumes, espaves mobilières et foncières, ventes, rachats, reliefs « quant ils y eschéent, » juridiction, prinse et vengeance, droit de voirie et seigneurie foncière, selon la coustume et usaige de la baronie et terre de Mayenne le Juhez, et par raison de ces « choses », il reconnaissait devoir au seigneur de Lassay et être tenu lui « faire et poier, par chascun an au terme de l'angevine, 40 soulx tournois de taille convenable et plege gaige, droit et obéissance telle comme homme de fief et de foy lige doibt à son seigneur de fief et de foy lige, et les tailles quand elles aviennent... » [1].

Au moment où le seigneur du Boisfroust rendait ainsi à Charles de Vendôme son obéissance féodale pour la terre qu'il tenait de lui, les Anglais venaient de recommencer leur longue guerre, dite de Cent-Ans, avec la France. Déjà maîtres de toute la Normandie, et occupant le château et la châtellenie de Domfront, ils s'apprêtaient à envahir le Maine. On sait qu'en ces circonstances critiques Jean des Vaux, l'oncle de Jean du Boisfroust, nommé par la duchesse d'Anjou capitaine du château et de la ville de Mayenne [2], avait été chargé par cette princesse de la garde du Bas-Maine septentrional, et que, pour cet effet, il avait assemblé autour de lui une importante compagnie d'hommes d'armes et d'écuyers, composée principalement de ses parents et de ses amis. Il y a donc tout lieu de croire que, parmi les vaillants guerriers qui avaient répondu à son appel, se trouvait au premier rang le seigneur du Boisfroust. Qui sait même si, lorsqu'en 1420, le capitaine de Mayenne se vit confier par le futur Charles VII, alors régent du royaume, le château de Lassay, confisqué sur Charles de Vendôme passé au parti des Anglais, Jean du Boisfroust

1. Arch. du chât. de Lassay, fonds du Boisfroust, acte orignal en parchemin.
2. Voir au sujet de cet important personnage l'étude que nous avons publiée sur lui en 1913 dans la *Revue hist. et arch. du Maine.*

n'aura pas reçu de son oncle la mission spéciale de garder pour le roi cette forteresse, si voisine de son manoir ? Mais, dans les années suivantes, les Anglais
n'ayant pas tardé à envahir la châtellenie de Lassay et
le château ayant été évacué en 1422 par Jean des Vaux
après avoir été démantelé, le seigneur du Boisfroust fut
alors forcé d'abandonner aux envahisseurs son manoir
et ses terres du Bas-Maine septentrional et de se retirer
plus que jamais auprès de son oncle au château de
Mayenne. Que devint-il quand, au commencement de
l'année suivante, profitant de l'absence de Jean des
Vaux, mandé par le nouveau roi Charles VII aux États
de Bourges, Jean de la Haye, baron de Coulonces, se
fut emparé par surprise de la place de Mayenne ? Peut-
être suivit-il l'exemple de son oncle qui s'était réfugié
auprès de la comtesse de Laval et prit-il rang désormais
dans la garnison lavalloise. Ce qui est certain, c'est que
nous le voyons en 1424, par contrat passé le 6 février
devant la cour du Bourgnouvel, épouser « demoiselle
Marie de Feschal, fille aisnée de nobles personnes Messire Jean de Feschal, chevalier, seigneur de Thuré en
la Bazoge-des-Alleux, et de dame Marie Bussonne ».
Par ce contrat, la future avait reçu de ses parents la
somme de 150 livres de rente, pourquoi ceux-ci lui
avaient « baillé en assiette et en assignation la terre et
appartenances de Coué et de la Baconnière ». Les
témoins étaient Jean de la Chapelle, Jean de Saint-
Aignan, sieur du Boullay, Raoul Girart et autres [1].

Vers la fin de 1425, l'époux de Marie de Feschal
faisait probablement partie des « 150 hommes d'armes
et 120 hommes de trait que Monsour le comte de Richemond, connestable de France, avait mis et ordonnez
estre et demourer au dit lieu de Laval en garnison en
la compagnie de Messire Jehan Foucault, chevalier,

---

1. Arch. du chât. de Lassay, fonds Boisfroust, original en parchemin.

pour servir le Roy à l'encontre des Anglais ». C'est du moins ce qui nous expliquerait comment, le 22 décembre de cette année-là, il obtint de Jean de Cressé, « conseiller du roy et bailly de Senlis [1], lieutenant et commis au fait de justice de très noble et puissant seigneur Monsour le comte de Richemond et connestable de France, un mandement et adjournement contre un nommé Fouquet de Coulonges, escuyer, Robin Tallays et les héritiers de feu Jean Guillart qui lui étaient tenus en plusieurs sommes de deniers, intérests et desdommagement pour certaines et justes causes touchant le fait des armes et de la guerre [2] ». Ajoutons que ce Fouquet de Coulonges semble avoir fait partie sous Jean des Vaux de la garnison de Mayenne [3], ce qui prouverait que Jean du Boisfroust en avait aussi fait partie, et que c'était ainsi qu'il s'était trouvé en rapport avec ce personnage.

Deux ans après, Jean du Boisfroust était en procès cette fois avec Thomas de Carrouges, chevalier, et Maître Robert de Carrouges au sujet de l'exécution d'une obligation de 550 écus contractée par ceux-ci en sa faveur. Il paraît même que, ne pouvant se faire payer de cette dette, il avait fait prendre et saisir en la maison de Pierre de Champagne, sénéchal de Vitré pour très noble et puissante Madame de Laval, de Vitré et de Chasteillon, « certain nombre de vesselles d'argent et de ceintures garnies d'argent », et en requérait celui-ci de lui en faire exécution. Mais, comme un appelé Perceval de Cagny et sa fille, icelle fille héritière des dits de Carrouges et étant soubs le bail et gouvernement du dit Perceval son père, se trouvaient alors,

---

1. Jean de Cressé ne figure pas dans le tableau dressé par Afforty des baillis de Senlis ; il paraît avoir remplacé momentanément Jean, bâtard de Thian, encore en charge au mois d'août 1425 et que nous retrouvons bailli de Senlis au commencement de 1427.

2. Arch. du chât. de Lassay, fonds Boisfroust, original en parchemin.

3. Arch. nat., X[1a] 845, fol. 181.

paraît-il, à Fougères, le sénéchal de Vitré requit « honorable, sage et discret Raoul Le Monnier, sénéchal de Fougères, ou son lieutenant pour très haut et très puissant prince Monseigneur le duc d'Alençon et seigneur du dit lieu de Fougères, » de faire savoir à ces derniers « la prinse d'icelle vaisselle et ceintures garnies d'argent et l'exécution d'icelle, et les requérir d'iceulx biens vendre et mettre à deniers ou de s'y opposer, s'ils le jugeaient à propos », etc. Cet acte, étant daté du 27 août 1425, nous prouve que le seigneur du Boisfroust se trouvait à cette époque à Vitré où résidait alors la comtesse de Laval, dont Jean des Vaux était d'ailleurs, en qualité de procureur, l'homme de confiance [1].

Il est facile de comprendre qu'en ces années-là, privé des revenus de ses terres de Normandie et du Bas-Maine, Jean du Boisfroust fût assez à court d'argent ; aussi ne nous étonnons-nous point de le voir en mai 1428 vendre à Guillaume Sommière, bourgeois d'Angers, sa terre et seigneurie de Contigné en Anjou [2].

C'est probablement vers cette même époque qu'il avait vendu à Guillaume Bernart, pour le prix de 4 saluz d'or, un courtil sis en la ville de Lassay, et ce par acte passé devant le tabellion de la ville de Vitré [3].

Cependant, il ne faudrait pas croire que, même en ce triste temps où la domination anglaise s'étendait sur la plus grande partie du Maine, les gentilshommes fidèles à la cause française ne pussent pas aller de temps en temps visiter, pour le soin de leurs affaires particulières, celles de leurs terres situées en pays ennemi. Le duc de Bedfort, gouverneur de notre province pour le roi d'Angleterre, leur en accordait la permission, moyennant finance bien entendu, et on possède aux Archives natio-

---

1. Arch. du chât. de Lassay, fonds Boisfroust, original en parchemin.

2. Voir C. Port, *Dictionnaire de Maine-et-Loire*, art. Contigné.

3. Arch. du chât. de Lassay, fonds Boisfroust, remembrances de 1454, déclaration de Guillaume Bernart.

nales deux registres des années 1433 et 1434 où ces sauf-conduits sont relatés [1]. Or on y voit figurer à plusieurs reprises le seigneur du Boisfroust, sa famille et ses serviteurs. Voici les mentions qui les concernent :

Mars 1433, « De sire Jean du Boisfroust, chevalier, et de Marie de Feschal, sa femme, deux hommes et deux femmes, pour un sauf conduit durant trois moys pour aller hors ceste obéissance », etc.

23 mai 1434, « De Jean du Boisfroust, chevalier, et Guillaume du Boisfroust, trois hommes et trois femmes en leur compaignie, pour un sauf conduit durant trois moys pour aller hors ceste obéissance ».

10 juillet 1434, « De Jean du Boisfroust, chevalier, procureur de la comtesse de Laval,... trois hommes et trois femmes, pour un sauf conduit... »

Comme on le voit par l'énoncé de ce dernier sauf-conduit, le seigneur du Boisfroust avait alors succédé à son oncle Jean des Vaux, mort en 1430, dans la confiance de la comtesse de Laval qui avait fait de lui son procureur.

En août de la même année, nous trouvons « Messire Jehan du Boisfroust » en procès avec Guillaume de la Genouillerie devant la cour du Parlement de Poitiers, et son avocat demandant un délai parce que le dit Jean du Boisfroust était « en la frontière » et n'avait « envoyé instruction [2] ».

En octobre et novembre 1434, deux sauf-conduits de l'autorité anglaise furent encore accordés à Jean du Boisfroust et ceux qui l'accompagnaient.

En 1435, par acte passé le 25 juillet en la cour de Laval, « noble Messire Jehan du Boisfroust » vend à l'abbaye de Fontaine-Daniel, pour 20 sols de rente, la terre et seigneurie de Contest [3].

Au commencement de l'année suivante, le seigneur

1. Arch. nat., KK 234.
2. Arch. nat., X¹ᵃ 9.200, fol. 282.
3. Voir Cartulaire de Fontaine-Daniel.

du Boisfroust perdit sa sœur Marie du Boisfroust, alors veuve de Pierre de Saint-Berthevin. Celle-ci avait testé le 6 mars 1435 (n. st.). Son testament contient. des clauses assez curieuses ; on y remarque, entr'autres, les suivantes : « Je veulx et ordonne que cent francs, que Monss. du Boisfroust, mon frère, me doibt à cause de mon mariage, soient poiez et baillés à frère Estienne de Saint-Berthevin, prieur du prieuré de Torcé, pour convertir et employer pour l'âme de mon dit seigneur (de Saint-Berthevin) et de moy, moitié en charité et moitié à vestir les pauvres. *Item*, je donne les arrérages de 25 livres de rente, que me doibt mon dit seigneur du Boisfroust, mon frère, de 7 ou 8 années, à Guillaume du Boisfroust, mon frère. *Item*, je donne et laisse à l'église de Saint-Berthevin 100 soulx de rente que feu mon dit seigneur et moy avons acquises de mon dit seigneur du Boisfroust sur plusieurs habitans de Couemes pour estre dit et célébré perpétuellement pour le salut des âmes de feu mon dit seigneur et moy une messe par chascune sepmaine... *Item*, je veulx et ordonne que tous et chascun les deniers qui seroient rapportés des dits acquets en tant qu'à moy touche soient convertis et emploiés en services, messes et aulmosnes pour le salut et remèdes des âmes de feu mon dit seigneur et moy et mes prédécesseurs du Boisfroust [1] ».

C'est apparemment vers cette époque que mourut également Marie de Feschal, laissant à Jean du Boisfroust deux filles issues de leur mariage, Marie et Jeanne. Le seigneur du Boisfroust n'avait donc pas de fils légitime. Mais il avait eu dans sa jeunesse, avant d'être marié, un fils bâtard, Guillaume du Boisfroust, qui alors devait être arrivé à l'âge d'homme, et que son père, malgré sa naissance irrégulière, avait en réelle affection. Il devait le lui prouver par une donation importante. Dans le cours de l'année 1436, par acte passé

---

1. Arch. du chât. de Lassay, fonds Boisfroust, original en parchemin.

devant Maître Jean de Joué, prêtre et tabellion du Bourgnouvel au pays du Maine, demeurant à la Grande-Haye en Cigné, il lui avait abandonné « la vie durant de luy Guillaume seullement », une « métairie nommée Varenne, assise en la paroisse de Chantrigné, avec ses appartenances et dépendances », et ce « en récompensation des bons et loyaulx et agréables services que avoit faits le dit Guillaume au dit chevalier son père, et qu'il espéroit qu'il luy feroit encore en temps avenir [1] ». Plus tard, en 1452, il reçut aussi de Jean de Chauvigné, au nom de ses enfants mineurs, ce que ceux-ci possédaient ès paroisses de Marolles-les-Brault et de Courgains [2]. Jean du Boisfroust avait aussi, comme nous le verrons, une fille bâtarde, Michelle la Berdine, mariée à Jean Haton, et qui reçut en 1441, pour cette occasion, de Guillemette des Vaux la métairie de Champmezières [3].

Cependant le seigneur du Boisfroust, en dépit de son âge relativement avancé, car il devait être plus que sexagénaire, n'avait pas renoncé à se procurer, grâce à une nouvelle union, un héritier légitime portant son nom. En 1438, par acte passé le 9 mai « en la court de Maienne la Juhez », il contractait un second mariage avec Olive Le Porc, sœur de Pierre Le Porc, seigneur de Larchapt en Bretagne. Par ce contrat, le sieur de Larchapt promettait bailler à sa sœur, « pour son droit de partaige des héritaiges de ses père et mère, 40 livres de rente en bonne et suffisante assiette de prochain en prochain au comté du Maine ». En outre, il s'engageait à lui donner « dedans le jour des espousailles 100 saluz d'or ». Quant au seigneur du Boisfroust, il promettait à sa femme, en cas qu'il mourût sans lui laisser d'enfant,

1. Arch. du chât. de Lassay, fonds Boisfroust, acte original en parchemin de 1436 où cette donation est reproduite.
2. Arch. du chât. de Lassay, fonds Boisfroust, original en parchemin.
3. Arch. du chât. de Lassay, fonds Boisfroust, original en parchemin.

« 60 livres t. de rente par héritaige pour elle et ses hoirs et ayant cause, lesquelles seraient assises sur une des pièces de terre du dit Boisfroust, ès parties ou plus proche de Maine la Juhez, aultre que la pièce du dit lieu du Boisfroust, de prochain en prochain jusques au parfait des dites 60 livres de rente ». Cet acte avait eu pour témoins Charles Le Porc et Pierre de Pennart[1].

Jean du Boisfroust n'eut du reste pas d'enfant de cette seconde union et mourut, il est vrai, peu d'années après l'avoir contractée, en tous cas avant 1441. Sa veuve convola avec noble personne Guillaume Le Borgne, dit Cabournays, et décéda elle-même vers l'année 1446[2].

Quant à Guillemette des Vaux, la mère de Jean du Boisfroust, elle vivait encore le 16 septembre 1444, date d'un acte passé par elle en la cour du Bourgnouvel, par lequel elle donnait au seul de ses fils qui lui eût survécu, à Guillaume du Boisfroust, écuyer, « la tierce partie par indivis de toutes et chascunes les choses en meubles et héritaux que la dite demoiselle possédait en la comté du Maine, en quelques lieux, fiefs et paroisses qu'elles fussent[3] ». C'est sans doute alors que le frère cadet de Jean du Boisfroust devint seigneur de l'Etre-au-Riche en Assé-le-Boisne. Il vivait encore en 1457, comme on le voit par le legs qu'il fit cette année-là à la fabrique de cette paroisse de deux sols de rente pour être inhumé dans l'église paroissiale[4].

Lui du moins avait survécu à sa mère qui, très âgée, était morte, croyons-nous, avant la fin de l'année 1444.

---

1. Arch. du chât. de Lassay, fonds Boisfroust, original en parchemin.

2. Voir aux arch. du chât. de Lassay, fonds Boisfroust, acte en parchemin contenant appointement entre Jean de Chauvigné et Guillaume Le Borgne.

3. Arch. du chât. de Lassay, fonds Boisfroust, original en parchemin.

4. Voir Moulard, *Recherches sur Assé-le-Boisne*, p. 344.

Sa succession comprenait, outre la terre du Boisfroust et ses dépendances, tant en Normandie que dans le Maine, la terre et seigneurie du Horps dont elle avait hérité, par suite de la mort sans héritiers directs de son neveu Geoffroy des Vaux, et ce riche héritage allait passer à ses deux petites-filles, Marie et Jeanne du Boisfroust.

Ce fut Marie qui, en sa qualité d'aînée, eut les terres du Boisfroust et du Horps qu'elle porta en mariage, vers 1445, à Jean de Chauvigné, seigneur du dit lieu en Athée. Leur sœur et belle-sœur Jeanne de Chauvigné fut mariée par eux, le 12 août 1447, avec « Jean du Chastelet, escuier », d'une famille noble de Bretagne. Elle reçut en dot cette même terre de Coué et de la Baconnière que sa mère, Marie de Feschal, avait apportée dans la maison du Boisfroust [1].

II

LES DE CHAUVIGNÉ, SEIGNEURS DU BOISFROUST.

La famille de Chauvigné, à laquelle appartenait le mari de Jeanne du Boisfroust, portait pour armes *d'hermine à 3 fasces de gueules, à 3 tourteaux de même en chef*. Elle était très ancienne au Craonnais, où elle avait pour principale résidence le manoir de Chauvigné, situé dans la paroisse d'Athée. Dès le XII⁰ siècle, un de ses membres, *Burchardus de Chauviniaco*, est cité au cartulaire de la Roë, et à la fin du même siècle, en 1190, un Guillaume figure parmi les croisés. Au commencement du XIII⁰ siècle, en 1217, vivait Guy de Chauvigné [2]. Si pendant plus d'un siècle la nuit plane sur les descen-

---

1. Arch. du chât. de Lassay, fonds Boisfroust, copie du XV⁰ siècle sur papier.
2. Voir A. Angot, *Dictionnaire de la Mayenne*, art. Chauvigny.

dants de ce dernier, en revanche avec Hubert de Chauvigné, écuyer, qui nous est connu par plusieurs documents authentiques de 1343 et 1347 [1], commence la filiation ininterrompue de cette ancienne famille. Nous ignorons, il est vrai, quelle était sa femme ; mais nous connaissons sa tante, Jeanne de Chauvigné, mariée à noble homme Raoul de Noeville, chevalier, et morte avant 1343, et nous savons qu'il avait eu deux fils : Guillaume, qui lui succéda comme seigneur de Chauvigné et de Méral, et Louis, dont le fils Guillaume sera, en 1400, un des exécuteurs du testament de son oncle, et une fille, Sibille, qui en 1403 fera donation de tous ses biens au fils aîné de ce dernier [2].

Guillaume de Chauvigné, seigneur du dit lieu et de Méral, fils d'Hubert, avait épousé par contrat du 13 janvier 1375 passé en la cour de Craon, Jeanne de la Frette, « fille aînée de Messire Hamelin de la Frette, chevalier, et de dame Jeanne, sa femme [3] ». Il servait en 1380 dans la compagnie de Jean de la Teillaie à Craon, et en 1386 dans celle de Jean de Landivy à Mantes. Il testa en décembre 1400 [5]. Il demeurait alors en son « houstel du Bois, en la paroisse de Pommerieux ». Dans son testament, il ordonnait que sa sépulture eût lieu dans l'église paroissiale de Saint-Pierre de Méral. Il laissait à Jean de Chauvigné, son fils puiné, son « hébergement et domaine du Bois » et nommait parmi ses exécuteurs testamentaires Jeanne de la Frette, sa « compagne et espouse », et Guillaume de Chauvigné, son fils aîné [4]. Toutefois, par un codicille du 20 janvier 1400 (v. st.), il déclarait vouloir être inhumé non plus en l'église de

1. Arch. du château de Lassay, fonds du Boisfroust, titres généalogiques.
2. *Ibidem.*
3. Original en parchemin aux arch. du chât. de Lassay, fonds du Boisfroust, etc.
4. A. Angot, *Dict*, v° Chauvigny.
5. Original en parchemin aux arch. du chât. de Lassay, fonds du Boisfroust, etc,

Méral, mais en celle de Pommerieux [1]. Outre ses deux fils Guillaume et Jean, Guillaume de Chauvigné laissait encore de son union avec Jeanne de la Frette deux filles, Marie et Marguerite, mariées la première avec Jean de Couesmes, et la seconde avec Guyon de Crez.

Guillaume II de Chauvigné épousa, le 26 février 1402, par contrat passé en la cour de Sablé, Agaïce Pointeau, fille de Gervaise Pointeau, seigneur de la Philippière, et d'Alix de Crez, de la paroisse de Bailleul [2], mais il n'en eut pas d'enfant. Aussi à sa mort, arrivée vers 1420, sa succession, c'est-à-dire les terres de Chauvigné et de Méral, passèrent-elles à son frère cadet, Jean Ier de Chauvigné.

Celui-ci était alors marié depuis quelques années déjà (en tous cas avant 1414) avec Jeanne de Coulliettes, fille aînée de Geoffroy de Coulliettes et de Marguerite d'Auvers, et il avait reçu de son frère aîné, en 1418, pour sa part de cadet, « les lieux et métairies de Gaigné, de la Rivière au Guillaume, et de la Roche, avec le moulin et reffoul de Chérencé, sis ès paroisses de Saint-Quentin, Chastelays et Chérencé [3] ». Il avait de son union avec Jeanne de Coulliettes deux fils, African ? et Jean. Mais, comme cela avait eu lieu à la génération précédente, l'aîné, cette fois encore, mourut de bonne heure sans alliance, et ce fut le cadet Jean qui, vers 1440, avait succédé à son père comme seigneur de Chauvigné et de Méral.

Telle était la noble et ancienne famille dont était issu l'époux de Marie du Boisfroust, et à qui celle-ci avait porté la terre dont nous retraçons l'histoire.

Nous avons dit plus haut que leur mariage avait dû avoir lieu dans le cours de l'année 1445. Ce qui est certain, c'est que « Messire Jehan de Chauvigné, escuier »,

1. Original en parchemin aux arch. du chât. de Lassay, fonds du Boisfroust, etc.
2. *Ibidem.*
3, *Ibidem,*

nous apparaît à la date du 14 novembre 1446 comme époux de Marie du Boisfroust dans une transaction qu'il fit en cette qualité avec noble Guillaume Le Borgne, dit Cabournays, alors veuf d'Olive Le Porc, la seconde femme de Jean du Boisfroust [1], et de même, l'année suivante, nous le voyons intervenir comme beau-frère de Jeanne du Boisfroust au contrat de mariage de celle-ci avec « Jehan du Chastelet, escuier [2] ».

C'était le moment où les Anglais étaient complètement chassés du Maine, et où le château et la ville de Mayenne, rentrés sous l'obéissance du roi Charles VII et du comte du Maine, Charles d'Anjou, recevaient une garnison française, commandée par Pierre de Beauvau, seigneur de la Beschère. Or, le lieutenant de cette compagnie se trouvait être précisément notre Jean de Chauvigné qui, à ce titre, eut à s'occuper en 1448 et 1449, pendant l'absence du capitaine, des divers travaux de restauration qui furent faits à cette époque au château de Mayenne [3].

Comme on le voit, le nouveau seigneur du Boisfroust avait joué, pendant les dernières années de la guerre de Cent Ans, un rôle assez important au point de vue militaire. Il était du reste, en septembre 1449, avec la compagnie de Pierre Beauvau, au siège de la place d'Essay, près d'Alençon [4] ; peut-être aussi fit-il en 1450, 1451 et 1453, avec le seigneur de la Beschère qui s'y trouvait certainement, la campagne de Normandie ainsi que les deux campagnes de Guyenne, auxquelles prirent part, d'ailleurs, d'autres seigneurs du Bas-Maine [5].

1. Original en parchemin aux arch. du chât. de Lassay, fonds du Boisfrout, etc.

2. *Ibidem.*

3. Voir notre étude sur le château de Mayenne au xve siècle dans le *Bulletin de la Commission hist. et arch. de la Mayenne*, 1889.

4. Voir aux Arch. nat., JJ 185, fol. 88, r°, la rémission accordée à Guillemin Durant.

5. Voir *Chroniques de Bourdigné* et *Généalogie Beauvau*, par Chevillard.

Cependant Marie du Boisfroust était morte dès les premiers mois de l'année 1449, laissant à son mari la charge de deux enfants en bas âge, un fils, René, et une fille, Jeanne. Aussi les remembrances de la châtellenie de Lassay, qui depuis quelques mois avaient recommencé à être tenues régulièrement, nous montrent-elles, à la date du 16 août 1449, Jean de Chauvigné « ayant le bail et garde de ses enfans mineurs d'ans », comparaissant aux assises de la châtellenie et y jurant « la féaulté en jugement par raison et à cause de la terre du Boisfroust, tenue de Monss. (de Lassay) à foy et hommage lige, appartenant à ses dits enfans par la mort et trespas de leur mère, et d'icelle gaiger le rachapt et faire le serment en tel cas acoustumé », et ce « en la présence de Jehan des Escotais, Guillaume de la Motte, Jehan de Moré et autres [1] ».

Mais ce n'était pas tout. D'après l'usage féodal, il y avait lieu dans ce cas à « déport de minorité », c'est-à-dire que les suzerains dont relevaient toutes les terres possédées par les mineurs avaient droit de prendre en mains l'administration des biens de ces derniers, ou tout au moins d'exiger une certaine somme appelée « le déport de minorité ». Nous verrons plus tard Jean de Vendôme, le seigneur de Lassay, réclamer ce droit. Mais il n'était pas le seul suzerain dont les enfants de Jean de Chauvigné relevassent. Ceux-ci, à cause de leurs biens situés en Normandie, notamment à cause de leur baronnie de Septforges, étaient également les vassaux du duc Jean d'Alençon. Ce prince, qui s'était si vaillamment battu pour la cause française contre les Anglais, venait de voir, en septembre 1449, lorsqu'il leur avait repris Essay, le lieutenant de la compagnie de Pierre de Beauvau prendre part à la tête de cette compagnie à la reprise de cette place, et évidemment il avait eu l'occasion, en cette mémorable circonstance, d'apprécier sa

---

1. Arch. du chât. de Lassay, Remembrances, t. I.

valeur militaire. Toujours est-il qu'il crut le moment venu de lui donner une preuve de sa bienveillance. Par lettres datées du 13 octobre 1449, considérant que, « à cause du trespassement de défuncte Marie du Boisfroust, toutes les terres assises dans nostre duché d'Alençon, disait-il, appartenans à feu nostre bien amé chevalier Messire Jehan du Boisfroust, père de la dite Marie, et à elle en leur vivant sont escheuz en nostre main par raison de la garde de Regné et de Jehanne de Chauvigné, enfans soubz aagés de nostre bien amé escuier Jehan de Chauvigné et de la dite Marie, lesquelles terres sont tenues de nous à foy et hommage, par quoy, selon la coustume du pays, durant la garde et soubz aage des dits enfans, la revenue des dites terres et héritaiges d'iceulx enfans nous appartient », il faisait savoir qu'en « recognoissance des bons et agréables services » que lui « avoit fait le dit Jehan de Chauvigné », il lui donnait « la garde des dits enfans » avec « tout et tel droit » qui, « à cause de la dite garde, » lui pouvait et devait « compéter et appartenir ès dites terres durant leur soubs aage [1] ».

Outre la succession qui leur était échue du chef de leur mère, les mineurs de Chauvigné avaient aussi droit à celle de leur bisaïeule maternelle, Guillemette des Vaulx, morte quelques années auparavant. Celle-ci avait en effet hérité vers 1440 de son neveu Geoffroy des Vaulx, fils unique de Jean, le célèbre capitaine de Mayenne, et mort sans alliance. Or, la succession de ce dernier comprenait les deux importantes terres seigneuriales des Vaulx en Champéon et du Horps, réunies depuis le XIIIe siècle. Il fallut donc que René et Jeanne de Chauvigné fussent pourvus de curateurs spéciaux « à la conduite, gouvernement et administracion de leurs biens et chouses tant meubles que immeubles et héritaiges, et de leurs causes, querelles et négoces meues et à mou-

---

1. Original en parchemin aux arch. du chât. de Lassay, fonds du Boisfroust, etc.

voir en la ligne de (la dite) feue demoiselle Guillemette des Vaulx », car il était à prévoir que cette seconde succession donnerait lieu à quelques difficultés. Aussi, agissant « à la requête d'aucuns des prouches parens et amis » des mineurs, Gilles de la Réauté, « licencié en loix, juge ordinaire d'Anjou et du Maine », avait-il, par sentence prononcée au Mans le 24 août 1450, donné « le fez et la charge » de cette curatelle à Messire Pierre de Saint-Aignan, chevalier, seigneur de Boullay », à « Jehan de la Barre, escuier, sieur de Monternault », et « à Macé de la Barre [1] ».

En conséquence de la charge qui lui était ainsi conférée, Jean de la Barre s'empressa, dès le mois de septembre suivant, de comparaître au nom des mineurs aux pleds et assises de la châtellenie de Lassay et y jura pour eux « la féaulté lige deue à Monseigneur (de Lassay) à cause et par raison de la terre et appartenances du Horps » et en « gaigea le rachapt ou déport » et fit « les serments en tel cas requis [2] ».

On a vu plus haut, dans l'aveu rendu en 1416 pour le Boisfroust à la châtellenie de Lassay par Jean du Boisfroust, que celui-ci prétendait avoir droit de prendre chaque année sur les moulins de Lassay, quand ils étaient en état, la moitié de tous les « prouflits et revenus venans aux dits moulins », à condition, bien entendu, de contribuer par moitié aux « cousts et mises nécessaires à la réparation ou édiflication d'iceulx ». Depuis cette époque, et par suite de l'état de guerre qui avait longtemps pesé sur le pays, l'entretien de ces moulins avait forcément été négligé et ils tombaient en ruines quand, au commencement de l'année 1454, Jean de Chauvigné apprit que Jean de Vendôme, le nouveau seigneur de Lassay, venait de se décider à les faire remettre en état. Il chargea donc Jean de la Barre, déjà muni de sa

1. Original en parchemin, aux arch. du chât. de Lassay, fonds du Boisfroust, etc.
2. Arch. du chât. de Lassay, Remembrances, t. 1.

procuration, de se rendre en la ville de Lassay, en la maison où demeurait Jamet Thoumin, afin d'y rencontrer Jean de Moré, le procureur de Jean de Vendôme, et de tenir à ce dernier « telles paroles ou semblables en substance et effect » qui furent ensuite constatées par un acte en bonne forme dressé par Jean Lemée et Symon Postel, « notaires et tabellions en court laye » : « Il est venu à la congnoissance de Monseigneur de Chauvigné que Monseigneur le vidame de Chartres veult reffaire et édiffier deux moulins tant blaerets que foullerez, qui anciennement avoient acoustumé à estre soubs le chastel de Lassay et soubs la chaussée de l'estang d'iceluy lieu, et qu'il avoit entendu dire que mon dit seigneur et ses gens et officiers veulent faire construire et édiffier iceulx moulins èsquels les dits enfans ont droit d'avoir la moitié du revenu qui en pouroit yssir ». Et pour ce, « le dit de la Barre, comme procureur du seigneur de Chauvigné, offrait au dit de Moré, agissant pour le seigneur de Lassay, de contribuer aux fraiz et despenses qui ont esté et seront faictes à la réparation et réédification des dits moulins en tant et pour tant que touchait le droit des dits enfans et qui leur pouvoit et devoit compéter et appartenir dans le revenu des dits moulins s'ils estoient en estat [1] ». Telle fut la commission dont le sieur de Monternault s'acquitta auprès de Jean de Moré. Le procureur de Jean de Vendôme se contenta de répondre à celui du seigneur du Boisfroust que « de sa requête et offre il feroit savoir et escriproit à mon dit seigneur de Lassay, et, sa réponse ouye, il feroit ce qu'il appartiendra par raison et tellement que les dits enfants ne leur bail ne auroient cause d'eulx complaindre [2] ».

Ce n'était là, on l'a deviné sans peine, de la part du représentant de Jean de Vendôme, qu'une réponse pure-

---

1. Original en parchemin aux arch. du chât. de Lassay, fonds du Boisfroust, etc.

2. *Ibidem*.

ment dilatoire. Cette réponse en effet, qu'attendait toujours Jean de la Barre, fut très longue à venir, ou plutôt elle ne vint pas du tout. Et cependant vers le milieu de l'année 1455 les travaux en question avaient déjà été exécutés et le moulin de Lassay remis en état. C'est alors que le procureur du seigneur du Boisfroust se décida à revendiquer plus énergiquement les droits de son maître. Les assises de la châtellenie avaient lieu le 1er octobre. Il y comparut en jugement et présenta une requête par laquelle il demandait à être autorisé à « jouir de la moitié du profit, revenu et esmolumens des moulins blairez et foulerez sis soubs le chastel et estang de Lassay », prétention qui fut aussitôt déclarée inadmissible par Jean de la Barre. Là dessus, le bailli Pierre de Pennart, qui tenait les assises, appointa les parties en droit et leur enjoignit d' « escripre leurs raisons par escript », etc. Et comme le procureur de Jean de Chauvigné disait qu'il avait « plusieurs tesmoings anxiens et que la dite cause pouvoit longuement durer, et cependant ses tesmoings mourir ou avoir obly de mémoire où eulx absenter du païs », il requérait en conséquence que « les dits tesmoings fussent examinés affin de mémoire perpétuel ». C'est alors que le bailli de Lassay prescrivit à Aymery Gautier, procureur de la même cour, de faire enquête à ce sujet [1].

Le procureur de Jean de Chauvigné eut donc à s'occuper dans les mois suivants d'abord de rédiger les « escriptures » qui lui étaient demandées, puis aussi de recueillir les témoignages devant servir à l'enquête. Si nous ne possédons pas malheureusement les résultats de celle-ci, c'est-à-dire les dépositions des « tesmoings » qui n'eussent pas manqué d'être très intéressantes, nous avons du moins les « escriptures », long document en forme de mémoire adressé à « honorable homme et saige Pierre de Pennart, séneschal de Lassay ». Comme

1. Arch. du chât. de Lassay. Remembrances, t. I.

d'ailleurs ce document ne fait que reproduire les raisons sur lesquelles s'appuyait le seigneur du Boisfroust pour réclamer au nom de ses enfants la moitié dans les revenus annuels des moulins de Lassay, nous n'aurions pas à nous en occuper ici s'il ne contenait plus d'une allusion curieuse à la récente occupation du pays par les Anglais et à l'état de ruines matérielles que cette occupation y avait amené.

C'est ainsi que répondant à une des objections du procureur du seigneur de Lassay, qui prétendait que son maître avait eu seul possession valable des moulins en question depuis trente ou quarante ans, le procureur du seigneur du Boisfroust soutenait que l'objection n'était pas valable « pour ce que depuis 30 ans continuelz la guerre a esté au dit pays du Maine, qui a esté occupé par les Anglois, antiens ennemis de ce royaulme, lesquels Anglois durant le temps de la dite occupation ont tenu et exploité la dite terre de Lassay ». On sait en effet que de 1425 à 1448, c'était Thomas de Scalles, seigneur de Nucelles, qui, en vertu du don que lui en avait fait le roi d'Angleterre, possédait la châtellenie confisquée sur Jean de Vendôme. Et dans ce même mémoire, un peu plus loin, Jean de la Barre disait encore que la partie advèrse ne pouvait prétendre « estre en possession et saisine des dits moulins depuis 30 ans encza, pour ce que depuis celui temps les dits moulins ont esté en gast et en ruyne sans ce qu'ils aient moulu ny esté en estat de mouldre ».

La fin de ce mémoire est d'ailleurs à remarquer au point de vue des termes employés par Jean de la Barre en s'adressant au bailli de Lassay. « Pour ce que les dits moulins sont tenus de mon dit seigneur en l'hommage de la dite terre du Boisfroust, au regard de la dite terre et seigneurie de Lassay, dont vous estes sénéschal et juge, et qu'il est venu à nostre cognoissance que le droit des dits moulins appartenant aux dits mineurs estoit en la main de la court, le dit escuier (Jean de

Chauvigné) s'est tiré devers vous, vous requérant la délivrance comme bail de ses dits enfans, offrant vous bailler plege ». En terminant, le représentant du seigneur du Boisfroust adjurait Pierre de Pennart de reconnaître « avecques ce que vostre discrétion y saura bien considérer et adjouster », que « au dit escuier » il devait « faire et adjuger ses requestes et conclusions, nonobstant aucune chose dicte ou alléguée contraire par le dit procureur de la court [1] ».

Ajoutons enfin que ce procès dura plusieurs années et n'était pas encore terminé le 19 septembre 1458, comme l'atteste un jugement rendu à cette date, à l'assise de Lassay, par le bailly Jean Bouchet.

Ce n'est pas du reste le seul procès que Jean de Chauvigné ait soutenu à cette époque pour défendre les intérêts de ses enfants. L'héritage de Guillemette des Vaulx, surtout, devait lui donner beaucoup de peine et de soucis. L'aïeule de Marie du Boisfroust avait pu sans difficulté, pendant les dernières années de sa vie, se mettre en possession non seulement de la terre du Horps, mais aussi de celle des Vaulx, et en transmettre ainsi la propriété à ses petites-filles. Mais en ce qui concernait la première de ces deux terres, quelques empêchements ne tardèrent pas à surgir. Fils de Marie des Vaulx, une des deux sœurs de Jean, Michel de Marcillé prétendait avoir droit à la troisième partie des biens laissés par Geoffroy des Vaulx. En outre, s'appuyant sur une clause du testament de ce dernier, il revendiquait la possession de la terre de la Varie au Horps, et de celle du Buffay en la paroisse du Ribay. A ces prétentions, Jean de Chauvigné répondait que d'abord Marie de Vaulx, ayant été mariée et emparagée noblement, s'était tenue pour contente de ce qu'elle avait reçu de ses parents et avait renoncé d'avance aux successions qui pourraient lui advenir à elle ou à ses descendants ; puis que la dona-

1. Original en papier aux Arch. du chât. de Lassay, fonds du Boisfroust, etc.

tion des terres de la Varie et du Buffay ne pouvait être prise au sérieux par Michel de Marcillé qui n'en avait jamais eu « possession ne saisine ». Les parties finirent pourtant par s'accorder ; à la date du 20 juillet 1455, elles avaient fait une transaction en vertu de laquelle Jean de Chauvigné abandonnait à Michel de Marcillé 12 livres de rente payables et rendables « au jour de la Toussaint, chaque année, avec la somme de 20 escus d'or, une fois paiés, dedans le dit jour [1] ».

Mais le fils de Marie des Vaulx n'était pas le seul cohéritier à qui les enfants du seigneur du Boisfroust eussent à disputer les biens composant la succession des Vaulx. Geoffroy de la Palu, fils de Jeanne des Vaulx, également sœur de Jean, pouvait aussi en revendiquer sa part, et de fait il en parla à Jean de Chauvigné. Mais cette fois les choses s'arrangèrent tout à fait à l'amiable ainsi qu'on pourra en juger par le document suivant qui nous montre le père des mineurs de Chauvigné et le fils de Jeanne des Vaulx réunis dans les premiers jours de mars 1456 (v. st.) au manoir du Boisfroust et s'y entretenant amicalement de leurs affaires de famille en présence de plusieurs autres parents et amis. Voici ce document :

« Jehan Potier et Jehan Thoumin, notaires, demeurants à Lassay, sçavoir faisons que aujourd'hui, 6ᵉ jour du mois de mars l'an 1456, fusmes présens en la cour du Boisfroust, située en la chastellenie du dit lieu de Lassay, en laquelle cour du Boisfroust estoient nobles hommes Jehan de Chauvigné, escuier, seigneur du dit lieu de Chauvigné, et Geoffroy de la Palu, semblablement escuier et seigneur du dit lieu de la Palu, et en leur compaignie estoient Jehan de la Barre, escuier, seigneur de Monternault, Guillaume, bastard du Boisfroust, Jehan de Montreux, Guillaume Bretin, et plusieurs au-

1. Original en parchemin aux Arch. du chât. de Lassay, fonds du Boisfroust, etc.

tres, lesquels sieurs de Chauvigné et de la Pallu, ainsi qu'il nous semble, parloient ensemble des terres, seigneuries et héritaiges de feu Messire Jehan des Vaulx, en son vivant chevalier, et de feu Geoffroy des Vaulx son fils, en son vivant escuier, desquelles terres et héritaiges se disoient tenans et saisis le dit sieur de Chauvigné et le dit de la Barre comme bail et curateur des enffans d'icelluy sieur de Chauvigné et de feue Marie du Boisfroust, en son vivant sa femme, principaux héritiers des dits des Vaulx, en la succession desquels des Vaulx le dit sieur de la Palu disoit avoir droit comme représentant de sa feue mère, et lequel droit ne luy estoit desnyé ne contredit par les dits de Chauvigné et de la Barre, bail ou curateur dessus dits ; et, après plusieurs parolles eues... entr'eulx d'une part et d'aultre, le dit sieur de Chauvigné dyst au dit sieur de la Palu cestes parolles ou en effet semblables : « Monsieur de la Palu, vous sçavez que vostre mère fust grandement mariée et eust bon mariaige, c'est asçavoir 80 livres de rente que vostre ayeul et vostre père estoient tenus faire à feu Messire Geoffroy des Vaulx, père de vostre mère. Et toutesfois feue Guillemette des Vaulx, vostre tante, bysayeule de mes enfans, combien qu'elle fust fille aisnée du dit feu Messire Geoffroy des Vaulx, n'eust point de don de mariaige de son dit père et n'eust seullement que les héritaiges et terres de sa feue mère dont elle estoit seule héritière. Ainsi sa portion qui luy doyt estre escheue de son dit père est encore par droit à estre prinse et levée ès succession des dits des Vaulx, et si estoit principale héritière du dit feu Messire Jehan des Vaulx, son frère, et du dit feu Geoffroy des Vaulx, son nepveu, et par conséquent mes dits enffans y ont les deux parts. Et pour ce, desduyte sa portion à elle escheue de son dit père, ne m'en reprouchez rien. Vecy Jehan de la Barre, présent curateur de mes dits enffans en icelle ligne des Vaulx, et moy qui vous offrons et obéissons que vous venez et contribuez en nostre portion aux debtes de nos dits prédécesseurs des Vaulx et aux charges qui sont sur leurs terres et héritaiges. Vous les sçavez et cognoissez aussi bien comme moy et mieulx, car vous avez hanté avecques eulx en leur vivant, et estes du païs, et moy non, car je ne les vy ne cogneus oncques. Et aussy prenez le fays et charge, en tant qu'il vous pourroit toucher, des procès qui sont menez et intentez contre mes dits enffans à l'occasion d'iceulx des Vaulx, et contribuez aux frais et mises d'iceulx procès et de ceulx qui se y trouverront au temps à venir en nostre porcion, et prenez vostre part et porcion telle qu'il vous appartient ès dite succession et que la coustume du pays vous y donne, ou remectez en commun partaige les dites 80 livres de rente qui furent données à vostre dite mère, et mes dits enffans ne leveront ni demanderont rien à cause du droit de leur bisayeulle sur les deux parts qui leur appartiennent et escheurent sur le tout comme représentant icelle leur bisayeulle et fille aisnée ». Aux quelles parolles le dit sieur de la Palu respondit ces parolles ou en effet semblables : « Monsieur de Chauvigné, je say bien que les choses sont fort chargées, et y a de grandes debtes, et se y meut plusieurs grans procès, et quelles choses je ne me veil point bouter ne empescher que je ne puisse mays ; advisez (ce) que vous me baillerez pour ma porcion et que ce soit franchement et quittement sans plaid ne procès ; j'aimeroys mieulx en avoir moins et qu'il feust quitte et sans débat. Aussi je ne m'entens point de rapporter rien de ce qu'il fut donné à ma mère ».

« Et ad ces parolles furent et demourèrent d'accort d'en appoincter par l'ordonnence de certains gentils-hommes leurs parens et amys, à certain tems lors ensuyvant.

« Des quelles offres et obéissances faictes par les dits de Chauvigné et de la Barre comme bail et curateur dessus dits, et aussy responce faicte par le dit de la Palu, iceulx de Chauvigné et de la Barre nous en requindrent instrument, quelle chose nous leur octroiasmes pour valloir et servir aux enffans dessudits, aux gouverneurs d'eulx et de leurs terres et héritaiges, et causes et querelles, etc. [1] ».

A la suite de cet amical entretien, constaté toutefois devant notaires, Jean de Chauvigné et Jean de la Barre, comme père et curateur des mineurs de Chauvigné, firent le 21 mai suivant, devant Potier, tabellion à Lassay, une transaction en forme de partage avec Geoffroy de la Palu. Par cet acte ils lui baillaient 8 livres 16 sols 6 deniers tournois de rente « o condition que si Michel de Marcillé et Brisegault d'Aron advisoient que plus luy en appartinssent, de luy bailler ce qu'ils verroient qui luy en appartiendroit ». La transaction fut signée du seing manuel de Geoffroy de la Palu, de Brisegault d'Aron, de Jean Girard, sieur de Barenton, en présence de Jean de Scépeaux, de Jean de Monstreux, bâtard de la Palu, « tous gentilshommes, vrais seigneurs et de grande maison [2] ».

Quelques jours après, le 30 mai, une sentence arbitrale des dits de Marcillé et Brisegault d'Aron compléta cet arrangement en attribuant au seigneur de la Palu, « oultre les dits 8 livres 16 sols 6 deniers tournois, la somme de 50 sols tournois de rente [3] ».

Ainsi Jean de Chauvigné avait fini par s'accorder avec les deux cohéritiers de ses enfants en ce qui regardait l'héritage des Vaulx, Geoffroy de la Palu et Michel de Marcillé. Mais ses démêlés avec le seigneur de Lassay étaient loin d'être clos. Nous avons dit que le procès pour les moulins de Lassay durait encore en 1458. Quand et comment se termina-t-il ? Nous l'ignorons. Mais ce qui est certain, c'est que quelques années après, en 1465, le seigneur du Boisfroust plaidait contre son

---

1. Original en parchemin aux Arch. du chât. de Lassay, fonds du Boisfroust, etc.
2. *Ibidem.*
3. *Ibidem.*

suzerain devant la cour du Parlement de Paris. Cette fois, il ne s'agissait plus des moulins de Lassay, mais de l'obéissance féodale des terres du Boisfroust et du Horps.

On a vu qu'en 1449 et en 1450 Jean de Chauvigné, comme bail de ses enfants, puis Jean de la Barre, comme curateur de ceux-ci, avaient successivement juré aux assises de la châtellenie de Lassay la féaulté des deux terres du Boisfroust et du Horps. Ils avaient en outre promis de présenter les aveux et dénombrements de ces deux terres et même de « tourner à l'hommaige de Monseigneur de Lassay, luy venu au païs ». Mais ils n'en avaient rien fait, parait-il, « combien que depuis le seigneur fust venu au païs et en son chastel de Lassay ». Alors le procureur de Lassay avait cru, « le fief n'estant plus couvert et deuement obéy », devoir faire saisir ces terres par le sergent royal Perrot Dudouet, qui y établit commissaires Emery Cornillau, G. de Champhuon et Thomas Souvigné, eux aussi, d'ailleurs, sergents royaux. Vainement Jean Ciboys, procureur de Jean de Chauvigné et de Macé de la Barre, s'était-il « trait par devers le dit Perrot Dudouet », ainsi que par devers Jehan Poisson, chastelain et procureur de Lassay, et même jusques au Mans devers le bailli du dit Lassay, François Le Chat, pour leur demander la délivrance des deux terres saisies : le sergent royal et le châtelain de Lassay s'y étaient, l'un comme l'autre, refusés ; quant au bailli, il avait « respondu au dit lieu du Mans qu'il estoit hors son territoire » et « que l'assise du dit lieu (de Lassay) tiendroit en brief ».

Les choses en étaient là quand, le 3 juillet 1464, se tinrent les assises de la châtellenie de Lassay. Macé de la Barre et Jean Ciboys ne manquèrent pas d'y comparaître, et, s'adressant au bailli qui les présidait, se plaignirent de la saisie des terres du Boisfroust et du Horps, et en requirent délivrance.

Jean Poisson, procureur et châtelain de Lassay, qui

était présent, réclama un délai jusqu'au lendemain pour répondre à leur requête.

Donc le 4 juillet, furent « présens le dit procureur et les dessus dits Ciboys et de la Barre par devant le bailly tenant les assises » : Jean Poisson, « narration faicte de la dite requête », déclara « que la terre du Horps estoit tenue de Monsieur de Lassay à foy et hommage lige, duquel il » n'était « en riens servy ». Il ajouta que, « combien que l'on eust peu prendre par deffault de homme, néantmoins on n'avait pas procédé par ceste voye, mais par saisie seullement jusques ad ce qu'il feust servy de son hommaige ». Jean Poisson disait encore « que le dit sieur de Chauvigné, pour lors qu'il estoit conjoinct avecques la dite Marie du Boisfroust, ou vivant d'eulx deux, avoit faict foy et hommaige de chascune des dites terres, et promis bailler par adveu, dont il n'avoit riens faict ; mêmes que, depuis la mort advenue de sa dite femme, Jehan de la Barre, soy portant curateur pour les dits enffans et procureur pour le dit Chauvigné, avoit esté jugié bailler cestuy adveu, et quand le dit curateur eust juré la féaulté de la dite terre du Horps, avoit promis en ce faisant bailler par adveu contenant déclaration à certain temps après d'illec ensuyvant, et tourner, tant le dit de Chauvigné que luy et chascun en son esgard, à l'hommaige de mon dit seigneur de Lassay, luy venu au païs, et combien que, depuis, mon dit seigneur fust venu au païs et en son chastel de Lassay à la cognoissance de chascun d'eulx, c'est asçavoir du dit de Chauvigné comme bail des dits enffans en la dite terre du Boisfroust, et le dit de la Barre comme curateur en la dite terre du Horp, à leur veü et sceu par plusieurs foiz, ce nonobstant n'avoient auculnement faict les dits hommaiges qu'ils avoient juré et promis faire ». D'où il résultait, d'après le procureur de Jean de Vendôme, que « le fief n'estoit plus couvert et deuement obéy ». Jean Poisson disait en outre que Macé de la Barre « n'estoit personne capable comme

curateur à demander la délivrance de la dite terre du
Horp, pour ce que l'un des dits enffans, qui est la fille,
estoit aagée et à icelle appartenoit le bail de son frère
mineur, et ne durait plus la dite curatelle en regard
d'elle, attendu son aâge ». Jean Poisson prétendait encore que Jeanne de Chauvigné avait recueilli le bail de
son frère « en autres lieux en telle ligne que meut la
dite terre du Horp, par quoy, veu qu'elle l'avoit recueilly
en portion, qu'elle ne pouvoit refuser pareillement le
recueillir de la dite terre du Horp », et « partant qu'il
n'y avoit aucune raison de faire délivrance [1] ».

Et les raisons qu'il venait ainsi de donner pour justifier la saisie de la terre du Horps, le procureur de la
châtellenie de Lassay les employa également pour s'opposer à la délivrance de celle du Boisfroust. Est-il besoin d'ajouter que Macé de la Barre et Jean Ciboys
essayèrent de soutenir la thèse contraire ? Enfin, après
une réplique du procureur du seigneur de Lassay et de
ceux de Jean de Chauvigné, François Le Chat rendit
son jugement qui mérite, par sa forme très caractéristi-
que, d'être reproduit ici dans toute sa teneur.

« Parties ouyes, fut par le dit bailly dict : Ou jour de
huy fut par vous, Macé de la Barre, vous disant curateur des enffans du dit sieur de Chauvigné et de feue
Marie de Boisfroust, requis la délivrance de la dite terre
et appartenances du Horp o les pleges de Thomas le
Jait et Michel Leudière. Et semblablement, vous Jehan
Ciboys, vous disant procureur du dit sieur de Chauvigné, bail des dits elfans en la dite terre de Boisfroust,
requerez la délivrance de la dite terre de Boisfroust ;
vous, de la Barre et Cybois, dictes que ne voulez respondre à chose que ait dict le dit procureur plus tost
que soyez ressaisis ; aussy que me voulez informer de ce
que dictes que avez par acte et expédition de la court
pour monstrer que devez estre ressaisis. Le procureur

1. Arch. du chât. de Lassay, remembrances, t. I.

de Monsieur de Laczay dict que ne le devez estre par les raisons par luy alléguées. Vous oyez : je vous appoincte en droict et à escripre, et par manière de mémoire, ce que par vous a esté dict et allégué d'une part et d'aultre, et à mectre devers moy et à l'assise prouchaine voz escriptures et ce que vouldrez, et tout veu, je vous feray droict par ordre et donneray tel appoinctement que de raison [1] ».

Tel avait été le jugement rendu au sujet de cette affaire par le bailli de la châtellenie de Lassay, François Le Chat, à l'assise de juillet 1464. Comme on le devine aisément, Macé de la Barre et le procureur de Jean de Chauvigné n'en avaient pas été satisfaits et en avaient appelé à la cour du Parlement de Paris devant laquelle nous les voyons plaider l'année suivante [2].

Ces plaidoiries ne nous apprennent d'ailleurs rien de bien intéressant, en ce sens qu'elles ne font que reproduire de part et d'autre les raisons déjà données devant le bailli de Lassay. Le seul point qui mérite peut-être d'y être relevé par nous, c'est la partie de la plaidoirie de l'avocat de Jean de Vendôme où il est question de la fille de Jean de Chauvigné. Il paraît que celle-ci était alors âgée de quatorze ans, et que, selon la coutume du pays d'Anjou et du Maine, elle pouvait contracter et qu'à elle appartenait la tierce partie des terres. C'est donc elle qui était regardée désormais comme ayant le bail de son frère, et par conséquent devait rendre au seigneur de Lassay l'obéissance féodale due pour le Boisfroust et pour le Horps, et c'est parce qu'elle ne l'avait pas fait que celui-ci avait fait saisir ces deux domaines.

Jeanne de Chauvigné est dite, dans ces plaidoiries, âgée de quatorze ans, mais elle devait en réalité en avoir au moins dix-sept, puisque sa mère, nous l'avons

1. Arch. du chât. de Lassay, remembrances, t. I.
2. Arch. nat., X^{ia} 8.309, fol. 101 et suivants.

vu, était morte en 1449. De fait elle épousa, avant le mois de mai 1468, noble homme Guyon du Bouchet, seigneur de la Haye de Torcé, près Vitré, fils d'Eon du Bouchet, seigneur du dit lieu, et de Catherine de Saint-Aignan, et petit-fils de ce Raoul du Bouchet qui avait, quarante ans auparavant, joui d'une situation si importante auprès de la comtesse Anne de Laval. C'est là apparemment ce qui nous explique comment à cette date de mai 1468 Guyon du Bouchet avait pu obtenir de la chancellerie du roi Louis XI des « lettres d'estat », tant en son nom que comme bail de son beau-frère René de Chauvigné [1].

Enfin, l'année suivante, celui-ci se trouva majeur et il se décida aussitôt à s'acquitter envers le seigneur de Lassay de l'obéissance qui lui était réclamée ainsi qu'à sa sœur, depuis si longtemps. Voici le procès-verbal constatant cet acte et où l'on remarquera les réserves contenues dans les dernières lignes :

« A tous ceux qui ces présentes verront, Jehan de Vendôme, chevalier, vidame de Chartres, et seigneur de Lassay et de Pousanges, salut. Sçavoir faisons que René de Chauvigné, seigneur du Boisfroust et du Horps, est aujourd'hui venu par devers nous à nostre chastel du dit lieu de Laczay, lequel nous a faict deux hommaiges simples, liges, ou tel qu'il nous estoit tenu faire et que ses prédécesseurs ont faict ou temps passé, l'un pour raison de la terre et seigneurie du dit lieu du Boisfroust, l'autre pour raison de la dite terre du Horp, avec toutes leurs appartenances et dépendances, et comme elle se poursuivent, tant en maisons, terres, estangs, garennes, boys, justice, fiefs ou seigneurie, que autres choses quelconques en tant que d'icelles terres en y a tenu de nous aux dits deux hommaiges, et nous a faict les services en tel cas acoustumez, auxquelles foys faire

1. Original en parchemin aux Arch. du chât. de Lassay, fonds du Boisfroust.

et jurer nous avons receu le dit René de Chauvigné, sauf nostre droict et l'autruy en toutes choses, et luy avons réservé la protestation qu'il nous a faicte que les dits hommaiges ne luy porteront aulcun préjudice à certaines appellations pendans en la court du Parlement entre nous et luy, ny aux aultres procès pendants en la dite court et aultres, etc. [1] ».

Cependant, à la fin de 1469, ou au commencement de l'année suivante, Jean de Chauvigné était venu à mourir. Aussitôt ses héritiers, René et Jeanne de Chauvigné, procédèrent au partage des successions paternelle et maternelle, et aussi de celle de leur bisaïeule. Nous possédons précisément, dans un mémoire de l'époque, l'état et consistance des diverses terres composant cette double succession, tant au Maine qu'en Anjou et en Normandie. C'était d'abord en Anjou, du chef de Jean de Chauvigné, « la terre et seigneurie de Chauvigné en court, domaine, vignes, terres labourables, prez, pastures, boys, estangs, moulins, mestairies, cens, rentes, courtilleries, avecques la maison et jardins situez en la ville de Craon, etc. ; la terre et seigneurie du Boys de Pommerieux tant en court, vignes, courtilleries, domaines, mestayries, boys, cens, rentes que autres choses, etc. ; les terres et seigneuries de Méral et de Puigenou, tant courts, courtilleries, mestairies, terres, prez, estangs, boys, cens, rentes en bled et en deniers », etc. Telle était la succession de Jean de Chauvigné.

Au Maine, la succession de Marie du Boisfroust comprenait la terre et seigneurie du Boisfroust, « tant la court, domaine, courtils, jardins, boys, plesses, estangs, moulins, mestairies, cens, rentes que autres choses appartenant à la dite terre... *Item*, la terre du Bois de Maienne, tant en cens, rentes en deniers, que en prez et autres choses ; la terre et seigneurie de Contest tant en

---

1. Original en parchemin aux Arch. du chât. de Lassay, fonds du Boisfroust.

court, domaines, moulin, mestairies, boys, prez, terres,
cens, rentes que autres choses », etc. ; la terre et seigneurie du Couldray « tant en court, domaines, mestairies, cens, rentes, blez, avoines, que autres choses »,
etc. ; la terre et seigneurie du Horps ; la terre et seigneurie de la Vayrie ; la terre du Ribay ; la terre et seigneurie des Vaulx, et les fiefs de Champéon.

En Normandie, cette même succession de Marie du
Boisfroust se composait de la terre et seigneurie de
Septforges ; la terre et seigneurie de la Gaucherie, située « ou dit pays de Normandie ou au moins en pays
où l'on use à la coustume de Normandie, c'est asçavoir
en la terre et chastellenie d'Ambrières qui est située ès
mectes du comté du Maine, mays l'on y use et se règle
l'en à la coustume de Normandie » ; les fiefs de la Motte
du Boisfroust, « situez en Normandie ou pays d'Auge,
au pays de Carrouges et ailleurs ou dit pays de Normandie [1] ».

Tel était l'ensemble des terres que René de Chauvigné et sa sœur se partagèrent peu après le 17 mai 1470.
De son père, René de Chauvigné eut les terres de Chauvigné, du Bois de Pommerieux et de Chérencé, et de sa
mère les terres du Boisfroust, du Bois-de-Maine, du
Horps, de la Varie et du Ribay. Sa sœur eut pour sa
part des successions paternelle et maternelle le reste
des terres à partager, c'est-à-dire celles de Méral et
Puygenou en Anjou, celles de Contest, du Coudray, de
Champéon et de la Gaucherie au Maine, enfin celle de
la Motte du Boisfroust en Normandie [2].

Le fils de Jean de Chauvigné ne semble pas avoir joué
dans l'histoire militaire de son temps un rôle aussi important que son père ; nous savons seulement qu'à la fin
de cette même année 1470, il avait comparu à l'assem-

1. Original en papier aux Arch. du chât. de Lassay, fonds du
Boisfroust.
2. Voir aux Arch. de Maine-et-Loire (E 3.965) le partage de la
succession de Jean de Chauvigné entre ses enfants.

blée des nobles du ressort d'Angers sujets à l'arrière-ban ; dans la « monstre » qui en fut passée, le 15 décembre, au Lion-d'Angers, il est cité comme homme d'armes.

Il venait alors d'épouser Antoinette d'Espeaux (ou de Scépeaux), fille de René d'Espeaux, seigneur de l'Eperonnière, de la Touchardière et de la Rivière, et de Jeanne de Chahannay.

La famille de Scépeaux, dont le P. Anselme, la Chesnaye des Bois et récemment M. Paul de Farcy, ont donné la généalogie, est trop connue au Maine pour que nous ayons besoin d'insister sur son ancienneté et ses illustrations. Nous devons pourtant faire remarquer qu'en ce qui concerne la branche qui nous intéresse ici, surtout à propos des derniers degrés, les deux premiers généalogistes sont tombés dans de graves erreurs, qu'il nous est facile de rectifier grâce aux titres de cette branche que nous possédons dans le fonds du Boisfroust, où ils forment une liasse assez importante.

Ainsi l'aïeule paternelle d'Antoinette, la femme de Jacques de Scépeaux, n'était pas Catherine d'Angennes, mais Jeanne de Villeblanche. Celle-ci vivait encore en 1472, année où elle figure comme dame douairière de la terre de l'Eperonnière ; elle était du reste alors remariée avec Jacques de Savin, écuyer. Elle avait pour frère Regnault de Villeblanche, écuyer, seigneur du Plessis-Barbes.

De son premier mariage avec Jacques de Scépeaux, Jeanne de Villeblanche avait eu au moins deux enfants : René et Jacquette. Jacquette avait épousé avant 1454 Louis le Clerc, écuyer, seigneur de Coulaines. Quant à René de Scépeaux, seigneur de l'Eperonnière, il était marié dès 1452 avec Jeanne de Chahannay, sœur d'Hervé, qui lui avait apporté en mariage la terre de Fontenailles en Ecommoy, au Haut-Maine. Il mourut avant le mois d'août 1475, époque où sa veuve fit foi et hommage aux différents seigneurs dont relevaient les terres de l'Eperonnière, de la Touchardière, de la Rivière, etc. De son mariage avec René de Scépeaux, elle avait trois enfants :

1° Jacques, qui succéda à son père comme seigneur de l'Eperonnière et à sa mère comme seigneur de Fontenailles ; c'est lui qui avait pour femme Catherine d'Angennes, fille de Jean d'Angennes, seigneur de Rambouillet, et de Jeanne de Courtemblay ;

2° Antoinette, la dame du Boisfroust ;

3° Radegonde, mariée avec Jean de Pennard, seigneur de Bulleu et de Ravigny.

Jean de Chauvigné ne paraît pas avoir fait du manoir que lui avait apporté Marie du Boisfroust sa demeure principale, mais il ne semble pas en avoir été de même de René de Chauvigné, à en juger du moins par plusieurs passages d'un compte de recettes de la terre du Boisfroust que Me Robert de Baugé, prêtre, qu'il avait chargé de la gestion de cette terre, lui rendit en 1471 [1].

Le compte dont il s'agit est d'ailleurs assez intéressant par les nombreux détails qu'il nous donne pour mériter que nous l'analysions ici avec soin.

Les premiers feuillets sont relatifs aux devoirs en deniers dus à l'Angevine par les vassaux des terres du Boisfroust, de la Fosse, du Horps et du Mesnil-Garnier. Parmi les vassaux de la terre du Horps, on remarque les seigneurs du Perray, de Poligné, d'Hauteville et de la Barre du Horps. Au feuillet 20, se trouve enregistrée la recette de deniers résultant de ventes de bêtes : deux bœufs âgés de trois ans, qui étaient en la métairie de Champmézières, avaient été vendus à Pierre Sablerie pour la somme de 100 sols « dont appartenoit à Moussieur la moictié ». Ainsi les métairies étaient alors sous le régime que nous appelons aujourd'hui « colonie partiaire ». Au feuillet suivant, il est fait mention de la pres-

---

1. Il avait reçu en 1470, au regard de sa terre du Horps, l'aveu de Jean de Rais, écuyer, seigneur de Melleray, pour les fiefs que celui-ci possédait dans la paroisse de Niort. Il était qualifié en cette circonstance « seigneur dudit lieu du Boisfroust, du Horps et de la Vayrie (Varie) ».

tation des corvées « deues par chascun an au lieu du Boisfroust » par les détenteurs des lieux et fiefs sujets au bian du « moullin dudit lieu ». Or ces corvées, comme nous l'avons vu dans l'aveu de 1416, consistaient à fournir « ung plesseur, ung cercleur, ung scieur, ung batteur et ung semeur par chascun jour jusques ad ce que les fains des prez dudit lieu du Boisfroust soient serrez » ; puis à « charreer les diz fains au lieu de la Haulte-Court o tels bestes trayans et charete », et aussi à « labourer par chascun an une foiz ou domaine et appartenance dudit lieu du Boisfroust o tels bestes trayans et cherue ». Ce qui est dit ici du lieu de la Haute-Court, qui n'avait pas été mentionné dans l'aveu de 1416, ne prouve-t-il pas que c'est en cet endroit que se trouvait alors la métairie principale du domaine du Boisfroust ?

Dans les feuillets suivants, il est successivement question des recettes de seigle, d'avoine, de froment, de poullailles (tant chapons que gélines), de « ouays (oies), de saigle et d'avoyne muables, de cydre », de chanvre, de laine, enfin de foins, récoltes faites tant sur les domaines de la Haute-Cour, de la Fosse, de Champmézières, de Launay, de Beauvais et de Fresnay, que sur les vassaux des seigneuries du Boisfroust et de la Fosse, de Septforges, du Horps et de la Varie.

Ces diverses recettes ne manquent pas de détails caractéristiques : ainsi M⁰ Robert de Baugé ne comptait rien en recette de « saigles, fromens et grains du revenu du mollin du Boisfroust », parce que « ou temps de ce présent compte » il n'en avait « esté faicte aucune vendition » et que « tout le revenu dudit mollin » avait « esté despencé à la court dudit lieu du Boisfroust » ; il en était de même pour le revenu du moulin du Horps, et, quant au moulin de Septforges, on n'en avait pareillement tiré aucun revenu, parce qu'il était « en ruyne par la chaussée qui estoit rompue ». D'un autre côté, les recettes faites sur les domaines en seigle muable, en froment, en avoine muable et en cidre avaient été :

pour la Haute-Cour, de 30 boisseaux de seigle, de 3 boisseaux et demi de froment, de 60 boisseaux d'avoine et de « 4 pipes de cydre » ; pour la Fosse, de 24 boisseaux de seigle, de 5 boisseaux de froment, de 21 boisseaux d'avoine et de 2 pipes de cidre ; pour Champmézières, de 15 boisseaux de seigle, de 26 boisseaux d'avoine et de 13 boisseaux de pommes ; pour la Varie, de 20 boisseaux de seigle, de 27 boisseaux d'avoine et une pipe et demie de cidre ; pour Launay, de 9 boisseaux de seigle, de 19 boisseaux d'avoine et d'une pipe et demie de cidre ; pour Beauvais, de 20 boisseaux de seigle et d'une pipe de cidre ; enfin pour Fresnay, de 27 boisseaux de seigle, de 12 boisseaux de froment, de 25 boisseaux d'avoine et de 2 pipes de cidre.

Ajoutons, toujours à propos des recettes, que celle du chanvre et des laines était nulle, parce que « Mademoiselle[1] les a fait prendre et lever en sa main ». Remarquons aussi que les trois prés de Courteilles, de Louverné et de Septforges, qui faisaient partie du domaine du Bois-froust, ne pouvaient entrer en ligne de compte, attendu que leurs revenus avaient « esté dépencés audit lieu du Boisfroust ». Tels sont les intéressants détails que nous offre par ci par là le chapitre des recettes.

Nous arrivons maintenant dans le compte de Robert de Baugé à la « mise et despence faicte par ledit receveur » pendant l'année écoulée.

Ce sont d'abord les « charges deues à cause et par raison desdites terres du Boisfroust et du Horps ». C'est ainsi qu'il était dû à « Mre Jehan de Vendosme, chevalier, à cause de sa chastellenie de Lassay » et avait été « baillé à Jehan Poisson, chastelain dudit lieu de Lassay », ainsi que cela résultait d'une « quittance signée de sa main en dapte du 18e jour de septembre 1470 », la somme de « 10 livres pour le Horps et 40 sols tournois pour le Boisfroust ». Était-ce en conséquence du procès que le

---

1. « Mademoiselle », dont il est question ici, est évidemment Antoinette de Scépeaux, la dame du Boisfroust.

père de René de Chauvigné avait soutenu au nom de ses enfants contre Jean de Vendôme au sujet de ces deux terres ? C'est ainsi encore qu'il avait été versé « à Jehan de Marcillé, écuyer, sieur dudit lieu », la « somme de 8 livres tournois pour les deux parts de la somme de 12 livres tournois, en quoy Monssieur et n. h. Guyon du Bouschet, seigneur de la Haye de Torcé », et aussi seigneur « des Vaulx à cause de demoiselle Jehanne de Chauvigné, son espouse, sœur de mon dit seigneur, sont tenus par chascun an à cause de son partaige desditz lieux du Horps et des Vaulx ». Jean de Marcillé était en effet le fils de Michel de Marcillé qui, nous l'avons dit, avait renoncé en 1455 aux terres de la Varie et du Buffay, moyennant une indemnité de 12 livres tournois.

Après ces dépenses d'ordre général au point de vue de la gestion dont Robert de Baugé était chargé, voici maintenant d'autres dépenses d'un ordre plus particulier. Il s'y agit de deniers baillés en différentes circonstances « à la main de Monseigneur » ou à d'autres « par son commandement » ; par exemple à « n. h. Pierre d'Aron, sieur dudit lieu », pour « certain appointement » fait avec ce dernier qui, comme seigneur de la Motte-Husson, avait réclamé à René de Chauvigné des droits de ventes, rachats et autres touchant la terre des Vaulx, ou bien encore à Jean Le Héricé, bourgeois de Domfront, qui se trouvait parmi les héritiers de Jean des Vaulx.

Il est ensuite question dans cette partie du compte du receveur de « certaines mises faictes par le commandement de mon dit seigneur tant d'argent baillé à sa main et à la main de Mademoiselle » que de dépenses faites « pour la provision de la maison dudit lieu du Boisfroust » ou pour des « réparations faictes aux mollins et maisons dudit lieu depuis le 18e jour du mois de juillet 1470 jusques au 25e jour du moys d'octobre audit an ».

« *Item*... la somme de 22 livres pour achat de onze cents de peuple à peupler les estangs, dont compte est fait entre Mademoiselle et ledit receveur...

« *Item* pour aultres et semblables menues mises tant pour le payement des journées de certains manouvriers, qui ont besoigné audit lieu du Boisfroust ès besoignes de la maison, que aultres serviteurs... »

D'après ce dernier passage, il semble que différents travaux de mise en état eussent été faits récemment au vieux manoir du Boisfroust, où d'ailleurs, comme nous le verrons plus loin, René de Chauvigné, abandonnant l'Anjou pour le Bas-Maine, avait dû fixer en ces années-là sa demeure.

Le compte de dépenses de Robert de Baugé constate ensuite quelques « gaiges et pensions d'officiers ». Nous apprenons ainsi que Mainfroy Pitard et Henri Lebreton étaient l'un sénéchal et l'autre procureur de la terre et seigneurie de Septforges.

Plus loin, il est question de la « visitation du mollin du Boisfroust pour une année finissant à Nouel 1470. »

La partie du compte du receveur du Boisfroust que nous venons d'analyser est, à vrai dire, la plus intéressante. Cependant tout n'est pas à dédaigner dans les feuillets qui nous restent à parcourir, par exemple ce qui concerne la « vendition » du poisson.

« Ledit receveur compte avoir peschié le grant estang de Septforges, nommé l'estang du Milieu, duquel a receu le nombre de 224 carpes, duquel nombre il envoya au Boisfroust par Colin Le Tessier et Guillaume Tuaud 27 carpes, et, ovecques ce, de 100 à 120 petites tanches et 15 ou 16 anguilles, et oultre dit ledit receveur avoir trouvé et receu dudit estang le nombre de demi cent de peuple, lequel fut remis audit estang ;

« *Item*, ledit receveur dit avoir vendu le nombre de 100 carpes, en la présence de Jehan Ciboys et Guillaume Tuaud, à ung nommé Nichole le Rallu, vallant chascune querpe 18 deniers...

« *Item*, dit avoir vendu le nombre de 80 carpes à ung nommé Jehan Gamache, semblablement chaque carpe 18 deniers...

« *Item*, dit avoir vendu 2 carpes à M⁰ Guillaume Rogier, chapelain dudit lieu de Septforges, chascune 15 deniers...

« *Item*, dit avoir vendu 2 autres carpes à Jehan Roullier, chascune 18 deniers ; *item*, à Michel Hignard 2 carpes pour ledit prix de 18 deniers ; *item*, à ung nommé Rogier une carpe, 18 deniers. »

Les deux étangs du Horps avaient aussi été mis en pêche. Mais le receveur ne comptait pour rien celle de l'étang du moulin fouleret du Horps, « parce que Monseigneur estoit présent à le faire pescher et fist mener au Boisfroust le poisson par le mestayer de Launay ». Quant à celle de l'étang du Horps, « il mourut », paraît-il, « 14 querpes en l'amenant audit lieu du Boisfroust, les quelles querpes ledit receveur porta au marché à Lassay par le commandement de mon dit seigneur et icelles vendit chascune 15 deniers. »

Nous avons dit plus haut que le système qu'on appelle aujourd'hui colonie partiaire était généralement adopté par les seigneurs propriétaires de cette époque comme moyen de se procurer des revenus de leurs terres, et que c'était aussi celui dont se servait René de Chauvigné. Toutefois, par exception, quelques-uns de ses biens étaient affermés. Ainsi nous voyons dans le compte de Robert de Baugé que la métairie de la Rogerie était baillée à ferme à Perrot Garreau, moyennant 7 livres. De même, le pré de Lengebourgère était baillé à ferme à Robert Lejart pour 16 sols. De même encore, la Cour du Horps avec ses appartenances étaient affermées à Jamet Barbin pour 44 sols. Enfin les moulins foulerets du Horps, qui étaient d'ailleurs en ruines « au temps que ledit receveur print la charge de ce compte », avaient été depuis baillés à ferme au même Jamet Barbin.

Après le chapitre relatif à la recette de ces deniers de fermes, se trouve celui des « espaves et aventures ». C'est ainsi que Robert de Baugé avait eu à faire vendre « un aigneau qui estoit chez Jehan Hochet, de Septforges »,

vente qui avait rapporté 7 sols. Il était aussi « advenu »
au temps « de ce présent compte », « ung mouton chez
Macé Furet, de Chantrigné », lequel avait été baillé
« par le commandement de Mademoiselle » à Macé Giron
pour « certaines journées de façon de la buche qui a faicte
au Boisfroust ».

Les chapitres suivants traitent successivement de la
recette des deniers de rachat, de celle des deniers des
ventes, de celle des deniers d'amendes et exploits, et de
celle des deniers « d'herbaiges ». Dans ce dernier chapitre, nous voyons qu'il n'y avait rien à compter comme
gain ni du pré de Septforges, parce que Monsieur y
avait mis des bœufs, ni du pré de Louverné parce que
les voisins l'avaient « herbaigé pour avoir fenné ès dites
prez parce que les hommes du Couldray, qui souloient
fenner les fains d'iceulx prez à corvée, n'y sont point
venus fenner », ni enfin des prés de Courteilles, parce
que ces prés avaient été « expletés et herbaigés ».

Tel fut le compte de recettes et de dépenses rendu le
18 juillet 1471 par Robert de Baugé à René de Chauvigné de la gestion de sa terre du Boisfroust, compte
qui, comme on a pu en juger, contient un grand nombre
de curieux détails pour l'histoire de la grande propriété
en France au xve siècle.

Cependant les préoccupations causées par divers
procès à soutenir ne manquaient pas plus à René de
Chauvigné qu'elles n'avaient manqué à son père. S'il
était désormais, semble-t-il, en paix avec son suzerain,
le seigneur de Lassay, il s'était élevé pendant les années
1473 à 1475 un différend entre lui et son beau-frère
Guyon du Bouchet, différend assez important pour avoir
été porté devant le Parlement de Paris. Il s'agissait
évidemment de la terre des Vaulx, qui, nous l'avons dit,
avait été attribuée dans le partage de 1470 à Jean de
Chauvigné et que Guillaume des Vaulx, seigneur de
Lévaré, commençait à revendiquer en vertu d'une clause
du testament de Jean des Vaulx substituant cette terre
au plus proche héritier portant son nom.

Toutefois René de Chauvigné et son beau-frère finirent par comprendre que leur intérêt à chacun était le même et, avant 1479, ils s'étaient unis contre l'adversaire commun. Guillaume des Vaulx, en effet, avait cette année-là introduit conjointement devant le sénéchal de Mayenne une instance par laquelle il réclamait, se fondant sur la raison que nous venons de dire, la propriété et saisine de la terre et seigneurie des Vaulx, et déjà cette juridiction lui avait donné raison.

Aussitôt, M⁰ Guy du Bouchet, frère de Guyon et « estudiant en l'Université d'Angers », à qui René de Chauvigné et son beau-frère venaient précisément de céder la terre en question, sollicita et obtint des lettres par lesquelles le sénéchal d'Anjou, conservateur des privilèges de l'Université d'Angers, évoquait devant lui l'affaire en litige. Le seigneur du Boisfroust et son beau-frère prétendaient s'être réservés par cette cession le droit de réméré pendant neuf ans, tandis que le seigneur de Lévaré voulait qu'on s'en rapportât uniquement à l'appointement donné par le sénéchal de Mayenne. Hélas ! ce fut encore à ce dernier que le sénéchal d'Anjou donna raison. En vain René de Chauvigné et Guyon du Bouchet d'une part, et M⁰ Guy du Bouchet de l'autre, en appellèrent-ils au Parlement ; la Cour suprême ne fit que confirmer la sentence du sénéchal d'Anjou et condamna aux frais les appelants.

Nous apprenons d'ailleurs des registres du Parlement que pour obtenir de ceux-ci le paiement des frais d'appel auxquels ils avaient été condamnés, Jacques Bourdon, « huissier des requêtes de l'ostel du Roy, » était « venu de la ville de Paris contraindre les dits de Chauvigné et du Bouschet ès lieux du Boisfroust et des Vaulx, » ce qui prouve bien que René de Chauvigné habitait alors le manoir qui nous intéresse, de même que sa sœur avait fixé sa résidence aux Vaulx en Champéon.

Celle-ci était dès lors veuve de Guyon du Bouchet, et

elle n'allait pas tarder à convoler avec François Goyon, « escuyer, varlet de chambre ordinaire du Roy, puîné du pays de Bretagne ». Est il vrai que ce mariage eut lieu par ordre du roi Louis XI [1] ?

Nous avons vu plus haut qu'en 1456, Jean de Chauvigné et Geoffroy de la Palu avaient failli entrer en différend au sujet de la succession des Vaulx, mais s'étaient accordés à l'amiable, moyennant une indemnité versée par le premier au second. Or, à l'époque où nous sommes arrivés, Louis de la Palu avait succédé à son père Geoffroy. Trouva t-il insuffisante l'indemnité accordée à son père par le père de René de Chauvigné ? Toujours est-il qu'au printemps de 1480, il y avait procès pendant devant « les gens tenant les requestes du Roy ou Palais à Paris » entre René de Chauvigné, François Goyon, « escuier, varlet de chambre ordinaire du Roy notre sire, et damoiselle Jehanne de Chauvigné, sa femme, par avant femme de feu Guyon du Bouschet, en son vivant escuyer », défendeurs, d'une part, et « Loys de la Palu, escuyer, » demandeur, d'autre part. Ce procès devait durer plusieurs années, comme le prouvent deux arrêts du Parlement donnés entre les parties en 1483 et 1484.

C'était sans doute encore à cause de la revendication faite par les seigneurs de Lévaré de la terre des Vaulx que René de Chauvigné se trouvait alors en procès avec son beau-frère François Goyon ; toujours est-il qu'il lui demandait, selon la convention passée après les partages de 1470 entre lui et le premier mari de Jeanne de Chauvigné, de prendre sa part dans les frais du procès qu'il soutenait au sujet de la terre des Vaulx.

Un des faits qui montrent le mieux que le Boisfroust était alors habité par ses seigneurs, c'est la fondation faite par René de Chauvigné, à la date du 7 juillet 1483,

---

1. Voir Arch. nat., X¹ᵃ 8.322, fol. 309 (Plaidoiries du 26 novembre 1493 entre Jean de Tucé et Jeanne de Chauvigné, sa femme, d'une part, et Julien et Jean du Bouchet, d'autre).

d'une chapellenie perpétuelle avec une messe « par chascune sepmaine » en « une chapelle faite et édiffiée en l'honneur de glorieuse sainte Anne jouxte et joignant la maison ou manoir du dit lieu du Boisfroust ». Cette chapelle, dont on reconnaît encore l'emplacement sur le bord de la route de Lassay à Niort, près du chemin qui conduit à la ferme en passant sous le portail d'entrée, existait encore au XVIII° siècle. Il est à remarquer que le seigneur du Boisfroust avait, comme il le dit d'ailleurs, en faisant cette fondation pieuse, en vue non seulement « le salut et remède de son âme, et de ses père et mère et aultres ses parens et amys, trespassés et vifs », mais aussi « les parens et amys trespassés de noble demoiselle Antoinette de Scépeaux, son espouse ». Par cette fondation, René de Chauvigné dotait les « chappelains d'icelle chapellenie » d'une somme de « cent soulx tournois, monnoie courante, de rente par chascun an, à prendre et lever par chascuns ans par ledit chappelain et ses successeurs sur la recepte de la terre et seigneurie du Boisfroust, à paier par le dit escuier sur sa dite recepte à deux payemens par moytié en l'an, c'est à sçavoir 50 sols tournois au jour et feste de Toussains, et 50 sols tournois qui est l'aultre moytié des dits 100 soulx tournois au jour et feste de la Chandeleur. » Est-il besoin d'ajouter que René de Chauvigné retenait « expressément à luy et à ses héritiers, successivement seigneurs et principaux héritiers du dit lieu du Boisfroust, le droit de patronnage et de présentation de la dite chapellenie pour y présenter chappelains, toutesfois et quantes elle vaquera, et qu'il sera besoing, soit par mort, présentation ou autrement », et que l'évêque du Mans devait en avoir la collation et institution ? Pour cette fois, le chapelain présenté par René de Chauvigné à l'évêque du Mans était son « bien aymé messire Julien Gillot, cler, licencié ès loix, et bachelier en décret ». Cet acte fut passé sous les sceaux de la cour de Bourgnouvel, en présence de Jean Blanchet, « parroissien de

Saint-Martin de Pommerieux ou diocèse d'Angiers », et de Guillaume Frangeul, paroissien de Niort.

Dans les premiers jours de juillet 1485, Jacques de Vendôme, vidame de Chartres, qui venait de succéder à son père Jean III de Vendôme comme seigneur de Lassay, se trouvant dans sa forteresse du Bas-Maine, s'y fit rendre foi et hommage par tous ceux de ses vassaux qui avaient pu répondre à son appel. René de Chauvigné vint donc le 4 juillet par devers lui en son châtel de Lassay, et lui fit deux fois et deux hommages liges, l'une pour raison de sa terre et seigneurie du Boisfroust, l'autre par raison de la terre du Horps, avecques leurs droits, appartenances et dépendances, tenues et mouvantes de Jacques de Vendôme à cause de sa seigneurie et châtellenie de Lassay [1].

René de Chauvigné n'avait guère plus de quarante ans, quand il mourut à la fin de 1486 ou au commencement de 1487. De son union avec Antoinette de Scépeaux, il laissait trois fils et deux filles, tous mineurs. L'aîné des fils, Georges de Chauvigné, lui succédera quelques années après comme seigneur du Boisfroust; Jean, le second, était, en 1490, étudiant en l'Université de Paris; et Christophe, le troisième, se destinait à la carrière ecclésiastique et devait être, un jour, évêque de Saint-Pol-de-Léon en Bretagne [2]. Quant aux deux filles, Catherine et Madeleine, la première épousera, le 2 février 1494, Guillaume de Froullay, sieur de Beauchesne, et la seconde entrera comme religieuse à l'abbaye d'Étival.

Devenue ainsi veuve avec cinq enfants mineurs, dont quelques-uns encore à élever, ayant de plus à veiller à l'administration de leur fortune, Antoinette de Scépeaux fut très secondée en ce qui concerne cette dernière par-

---

1. Arch. du chât. de Lassay, Remembrances, tome III.

2. Voir notre étude sur ce personnage lue en septembre 1911 au Congrès de l'Association bretonne, à Saint-Pol-de-Léon, et imprimée l'année suivante à Saint-Brieuc, chez René Prud'homme.

tie de sa tâche par le fidèle Robert Baugé, à qui, dès
1470, René de Chauvigné avait confié, on l'a vu, la
gestion de ses nombreuses et importantes terres, tant en
Anjou et en Normandie qu'au Maine, et qui continua à
les gérer jusqu'en 1496, époque de la majorité du fils
aîné, Georges de Chauvigné.

C'est en 1494 (v. s.), à l'occasion du mariage de sa
sœur Catherine avec Guillaume de Froullay, sieur de
Beauchesne, que l'aîné des fils de René de Chauvigné
nous apparaît pour la première fois dans son rôle de
chef de famille. En intervenant au contrat de mariage de
sa sœur, le jeune seigneur du Boisfroust s'engage à lui
donner, « une fois le mariage fait et accomply, la somme
de 2.000 livres tournois à une fois paiés et, jusques au
paiement d'icelle somme, 80 livres tournois de rente
annuelle ». Grâce à cette union, les Chauvigné se trouvaient désormais alliés à une des plus anciennes comme
des plus illustres familles du Bas-Maine, car le mari de
Catherine de Chauvigné avait pour frère aîné Jean de
Froullay, seigneur du dit lieu en Couesmes, et de
Montflaux en Saint-Denis-de-Gastines, et capitaine de
Domfront ; c'est de lui d'ailleurs que descendra en droite
ligne le célèbre maréchal de Tessé.

Quant à Georges de Chauvigné, il épousa par contrat
du 30 septembre 1496 demoiselle Françoise Margerie,
fille de Jean Margerie le jeune, seigneur de Chailland
et de Gresse, et de noble demoiselle Catherine de la
Chapelle. Celle-ci reçut de ses parents, en dot, la terre
et seigneurie de Chailland.

Ces Margerie étaient une famille noble très ancienne
au Bas-Maine où ils possédaient dès la fin du XIVᵉ siècle
la terre de la Drouardière en Sainte-Marie-du-Bois, et
ils étaient devenus, au commencement du XVᵉ, par suite
d'une alliance avec les des Arglantiers, seigneurs de la
Baroche-Gondouin. C'est vers 1480 que Jean Margerie
s'était uni avec Catherine de la Chapelle, fille de René
de la Chapelle, chevalier, seigneur de la Chapelle-Rain-

souin et de Saint-Berthevin, et de Jeanne de Courcillon.
Il mourut en 1513 et fut inhumé, selon la volonté expri-
mée dans son testament, dans l'église de la Baroche-
Gondouin, où l'on voit encore sa pierre tombale le
représentant en chevalier du temps, avec une épée au
côté et les mains jointes. Dans son testament, il s'était
qualifié seigneur de la Drouardière, Gresse, Chailland,
etc., et on lit sur l'exergue de sa pierre tombale : « Jehan
Margerie, nommé seul de sa ligne qui portait le nom de
Margerie, dont en fault le nom à son trespas ; il fut
homme d'honneur, de ceste église fondateur [1] ». Telle
était en ligne paternelle la famille dont était issue la
nouvelle dame du Boisfroust ; quant à sa famille maternelle, il suffit de nommer les de la Chapelle-Rainsouin,
pour évoquer le souvenir d'une des plus vieilles et des
plus illustres familles du Bas-Maine.

Le fils aîné d'Antoinette de Scépeaux venait d'atteindre sa majorité de vingt-cinq ans quand il contracta
cette union. Sa mère avait encore quelques années à
vivre, mais c'est lui qui désormais nous apparaît comme
seigneur du Boisfroust. Au commencement de l'année
1499, il fit trois fois et trois hommages liges à Jacques
de Vendôme, vidame de Chartres, à cause de sa terre et
châtellenie de Lassay, la première pour raison et à
cause de sa terre et seigneurie du Horps, la seconde à
cause de sa terre et seigneurie du Boisfroust, la troisième à cause de sa terre et seigneurie de la Vayrie [2].
Comme son aïeul et son père, Georges de Chauvigné
eut un certain nombre de procès à soutenir pour défendre ses droits, mais la plus importante de toutes ces
procédures fut celle dans laquelle il se trouva engagé
avec Guyon des Vaulx, seigneur de Lévaré, qui avait
succédé à son père Guillaume des Vaulx, et avait aussi-

1. Voir la notice sur *La Baroche-Gondouin et ses seigneurs* publiée
par mon père dans le *Bulletin de la Comm. hist. de la Mayenne*,
en 1891.
2. Arch. du château de Lassay, Remembrauces, t. IV.

tôt repris le procès commencé par celui-ci contre les descendants de Guillemette des Vaulx. Dès 1501, ce dernier avait obtenu des juges délégués de Tours une sentence lui attribuant la terre des Vaulx où habitait toujours Jeanne de Chauvigné, alors remariée en troisièmes noces à Jean de Tucé, seigneur de Courtillolles. Toutefois le seigneur du Boisfroust et sa tante ne se tinrent pas pour battus. Ils en appelèrent à la Cour de Parlement, et ce ne fut qu'en 1511 que, moyennant une transaction qui y fut homologuée, ils renoncèrent enfin à la propriété de cette terre dont leur famille avait joui depuis plus d'un demi-siècle [1].

A l'exemple de son père, le fils de René de Chauvigné avait fixé au Boisfroust sa principale résidence, comme semblent le prouver les nombreuses acquisitions de pièces de terres joignant ces domaines qu'il fit dans la paroisse de Niort entre 1503 et 1513 [2]. Quant à la terre de Beleclair, située dans la même paroisse, près du moulin du Boisfroust, et joignant la terre de la Fosse, elle avait dû être acquise par René de Chauvigné, et c'est ainsi que Jean de Chauvigné, le frère cadet de Georges, pouvait s'en qualifier « sieur ». Nous avons déjà eu l'occasion de dire que ce Jean de Chauvigné était, en 1490, étudiant en l'Université de Paris ; entra-t-il ensuite dans les ordres ? C'est un point que nous ne saurions préciser. Tout ce que nous savons, c'est qu'en 1505 il faisait, comme seigneur propriétaire de Beleclair, un acquêt intéressant cette terre, et quelques années plus tard il possédait la terre de Commerçon en Melleray, et celle du Petit-Bois-de-Maine. Nous sommes mieux renseignés en ce qui concerne Christophe, le troisième des fils de René de Chauvigné. Partagé de la terre

---

1. Voir les termes de cette transaction aux Archives nationales, dans les registres du Parlement.

1. Ces acquisitions sont constatées par des actes en parchemin faisant partie du fonds du Boisfroust aux archives du château de Lassay.

de Septforges [1], et ayant embrassé de bonne heure la carrière ecclésiastique, il fut successivement curé de Thorigné, abbé de Boquen en Bretagne, archidiacre de Montfort en l'église du Mans, enfin évêque de Saint-Pol-de-Léon.

Georges de Chauvigné mourut à Paris dans les premiers mois de l'année 1516, laissant de son union avec Françoise Margerie trois fils mineurs, François, Jean et Claude, alors âgés de huit, de sept et de cinq ans.

Aussitôt la mère de ces derniers fit ajourner devant Jacques Tahureau, licencié en loix, lieutenant général ordinaire en la sénéchaussée du Maine, leurs plus proches parents, afin de donner aux mineurs un tuteur ou curateur. Ces parents étaient d'abord Jean et Christophe de Chauvigné, frères du défunt, ainsi qu'Ambroys de Mégaudais, sieur de l'Epinotière, avec qui Catherine de Chauvigné, sa sœur, veuve de Guillaume de Froullay, s'était remariée ; puis Jacques de Scépeaux, sieur de l'Eperonnière, grand-oncle des mineurs ; enfin Julien du Bouchet, sieur de la Haye de Torcé, et Mathurin de Pennard, sieur de Bullen et de Ravigny, leurs cousins. Tous comparurent le 18 mars 1516 devant Jacques Tahureau, soit en personne, soit par procureurs, et s'accordèrent pour demander au magistrat qui présidait le conseil de famille que Mᵉ Christophe de Chauvigné fût ordonné tuteur ou curateur, ce qui eut lieu, mais non sans que Françoise Margerie, la veuve de Georges de Chauvigné, eût auparavant formulé quelques réclamations qu'elle se croyait en droit de faire à ses enfants, entr'autres de lui bailler assiette de 100 livres de rente de douaire, comme il était convenu par son contrat de mariage. Quant au nouveau tuteur, il déclara prendre « le fays et charge » de la tutelle, et promit et jura de s'y porter et gouverner bien et décemment et comme au

1. Par transaction entre son frère Georges et lui du 21 juin 1515. L'original en parchemin de cet acte est aux Archives du château de Lassay, fonds du Boisfroust.

cas appartient, et « rendre compte et reliqua quant il appartiendra [1] ».

Françoise Margerie, du reste, ne survécut pas long-temps à son mari et, dès le 23 juillet 1516, nous voyons assemblés au Boisfroust « V. et D. et noble personne maistre Christophe de Chauvigné, prestre, curé de Tho-rigné, et seigneur temporel de Septforges, et noble homme Julien du Bouchet, sieur de la Haye et de Méral, tuteurs ordonnés par justice à Françoys, Jehan et Claude, mineurs d'ans, issus du mariage de feuz noble et puis-sant Georges de Chauvigné et demoiselle Françoise Margerie, son épouse. »

Comme on le voit, Christophe de Chauvigné n'était plus alors seul à supporter la charge de la tutelle ; peut-être, au lendemain du décès de Françoise Margerie, y avait-il eu un conseil de famille semblable à celui qui avait eu lieu après la mort de Georges de Chauvigné, et est-ce alors que Julien du Bouchet avait été nommé second tuteur. Quoi qu'il en soit, il s'agissait dans la réunion du 23 juillet de « pourveoir tant au gouverne-ment de la personne des ditz enffans que à l'administra-tion de leurs héritaiges et autres leurs biens », et cette assemblée avait été « faicte par l'advis et délibération des ditz tuteurs appelez à ce veoir et faire, des plus proches parents et amys d'iceulx mineurs », tels que « nobles personnes, M⁰ Baudouin de Champagne, che-valier, seigneur de Bazouges ; Ambroys de Mégaudays, Brisegault d'Aron, seigneur du dit lieu, et plusieurs aul-tres. »

Devant eux furent faits les accords suivants : rela-tivement à la « garde et gouvernement des mineurs », ceux-ci devaient demeurer « avecques damoiselle Cathe-rine de la Chapelle, leur ayeule, jusques ad ce qu'ils soient mis à demourer, eulx ou l'un d'eulx, en aultre lieu, soit avec le seigneur de Fontenailles (Jacques de

1. Arch. du chât. de Lassay, fonds du Boisfroust, original en parchemin.

Scépeaux, leur grand-oncle, qui résidait à Fontenailles), ou aux escolles à Paris, ou aultres lieux qui seront advisez et ordonnez par les ditz tuteurs, parens et amys ». Il fut en outre convenu que « durant iceluy temps qu'ils seront avecques leur dite ayeulle, elle sera tenue les entretenir de vivres et vêtemens, bien et honnestement selon leur estat, avecques quatre des serviteurs du dit feu, c'est à sçavoir Mre Jehan Raison, prestre, Jehanne Blanchedé, Jehan Thuault et Jacques le Mesnager, lesquels seront tenus faire les services deuz et raisonnables à elle et aux ditz enffans, tels qu'ils pourront faire ; et quant les ditz enffans seront mis à demourer ailleurs que avecque elle,... elle sera tenue pareillement les entretenir et payer leurs pensions et autres choses nécessaires décentement et ainsi que à eulx appartient, et ce jusques à ce qu'ils soient venuz à leur aage ». Catherine de la Chapelle s'engageait donc à tout cela, à cette condition, toutefois, que les tuteurs devaient lui bailler et transporter « jusques audit temps la terre et seigneurie du Boisfroust avec ses appartenances, ainsi qu'elle se poursuit et comporte, en maisons, jardins, mectayries, courtilleries, estangs, fiefs, rentes et devoirs, etc., ainsi que la vigne, située en la paroisse de Précigny en Anjou ». Il devait d'ailleurs être fait un inventaire des « meubles estant au manoir du Boisfroust », qu'elle devait rendre à l'expiration de sa charge. Elle devait aussi « paier la pension montant à 14 livres deue à dame Magdelaine de Chauvigné, religieuse en l'abbaye d'Estival, avecques 8 livres dues par chascun an au Chapitre du Mans. » Quant à « l'oultre plus des héritages et autres biens appartenant aux ditz mineurs en ligne paternelle ou maternelle », il devait « demourer au gouvernement et administration d'iceulx tuteurs pour les régir et gouverner ainsi qu'il appartiendra jusques à l'aage des ditz enfans », desquels ils seront tenus rendre compte. Il était convenu enfin que si l'aîné des mineurs « estoit mis en pension à Paris avec ses deux autres frères », les tuteurs paieraient « par chacuns ans sur les héritaiges qui leur demeurent durant ledit temps la pension d'icelui fils aisné... » Brisegault d'Aron, sieur du dit lieu, se portait plege pour Catherine de la Chapelle [1].

Sur l'existence que menaient au Boisfroust dans les années suivantes Catherine de la Chapelle et ses trois petits-fils, nous possédons de nombreux renseignements, fort intéressants, dans un compte de dépenses pour ces années-là que présentera plus tard Mathurin Souvigné, « recepveur du Boisfroust », au nom de Christophe de Chauvigné, quand il aura à rendre ses comptes de tutelle [2].

Trois jours après (le 26 juillet), fut dressé l'inventaire des meubles trouvés au manoir du Boisfroust. Il fut fait mention à cette occasion de « deux broderies d'or à triomphes », de « deux carquans avecques une chaigne d'or », de « la broderie d'une voilette de velours », et de « deux agneaulx d'or », et il fut accordé que Catherine de la Chapelle « garderoit les bagues au dit mineur luy venu à son aâge [3] ».

Mais, avant de parler de la dame de la Drouardière et des mineurs, nous devons relever dans ces comptes les passages qui concernent la feue dame du Boisfroust, Françoise Margerie, à propos de quelques dépenses faites autrefois par elle, ou encore à l'occasion de son testament et des messes dites pour le repos de son âme.

« *Item*, baillé à ung marchant d'estaing, pots et peintes de Normandie, pour le paiement de pots d'estaing et autre vaisselle fait au Boisfroust par la dite défunte... »

« *Item*, baillé à Petit-Jean Pesseur, marchand de draps

1. Arch. du chât. de Lassay, fonds du Boisfroust, acte original en parchemin.

2. Ce précieux compte en forme de registre très bien relié se compose de 53 feuillets en papier ; malheureusement il en manque quelques-uns au commencement et à la fin.

3. Arch. du chât. de Lassay, fonds du Boisfroust, acte original en parchemin.

de soye, demeurant à Alençon, pour reste et parpaye des ditz draps dont la dite défunte luy estoit demourée tenue... »

« *Item*, à Julien Gaigeard, apothicaire, demeurant au Mans, baillé 4 livres à luy deues par la dite défuncte lorsqu'elle vivoit... »

« *Item*, baillé à Jehan le Hez pour aller au Mans qui devoit apporter l'ymaige de saincte Barbe, que ladite défuncte avoit laissée par testament estre mise en la chapelle de Nyor... »

« *Item*, baillé au chapelain du Boisthibault, nommé Benssart. pour messes qu'il avoit dictes en la chapelle dudit Boisthibault pour feue mademoiselle de Chauvigné... »

« *Item*, pour cent messes célébrées ès église des Chapelles et de Saint-Céneré pour défuncte mademoiselle... »

Voici maintenant les noms des anciens serviteurs de Georges de Chauvigné et de Françoise Margerie, à qui il avait été fait des legs ou à qui on devait leurs gages.

« Baillé à la Meline, serviteure du Boisfroust, pour une vache et six brebis à elle laissés par le testament de feue ma sœur... »

« *Item*, baillé à Françoise Broderesse, serviteure du Boisfroust, aussi pour une vache à elle laissée par le testament de feue madite sœur... »

« Baillé à Perrin Champmézière, ancien serviteur du Boisfroust, pour parpaye de ses gaiges et autres choses qu'il demandoit du temps de feu Monsieur de Chauvigné... »

« *Item*, baillé à Jehanne Blanchedé, ancienne serviteure du Boisfroust, pour compte fait avecques elle de ses services et mestyves de environ 25 ans du temps de feuz Monsieur et ma sœur.

« *Item*, baillé à Jehanne Meline, serviteure du Boisfroust, pour ses services et mestyves, et legs à elle faits par le testament. »

Mais arrivons maintenant à Catherine de la Chapelle,

qui avait, comme nous l'avons dit, la jouissance du manoir et de la terre du Boisfroust, et y avait évidemment transféré sa résidence. Elle semble en ces années-là avoir fait faire d'importantes réparations aux deux manoirs du Boisfroust et de la Fosse, à en juger par les passages suivants du compte qui nous occupe :

« Autres mises faictes par Mathurin Souvigné, recepveur, tant pour réparation des maisons du Boisfroust que à Gresse et autres terres des ditz mineurs... »

« Premier pour le toit de la maison de la Fousse, lequelle dit recepveur achepta au boys des Vaulx tout prest à recepvoir lattes et couverture, fors le cherroy : la somme de 10 livres.

« *Item*, pour trois milliers de lattes prins au dit lieu des Vaulx... et estoyt la dite latte tant pour recouvrir sur la dite maison que sur le derrière du logeys du Boisfroust... »

« *Item*, pour la despence de la levée de la dite maison de la Fousse que pour avoir abattu partie d'icelle...

« *Item*, pour le charroy du dit bois...

« *Item*, pour vingt-neuf milles d'ardoises clere prinse à Javron pour recouvrir le derrière du logeys du Boisfroust... à François Laigneau, 53 livres. »

« *Item*, soixante-quatre milliers de clou tant à ardoise que latte que autre clou pour les dites maisons...

« *Item*, à Aubri, maczon, pour besongne faicte au Boisfroust : 10 livres.

« *Item*, pour deux muys de chaulx envoyé quérir à Assé par le commandement de mademoiselle pour hérisonner le derrière du logeys du Boisfroust : 1 livre.

« *Item*, pour aultre chaulx prinse par ma dite demoiselle à la Baroche pour faire hérisonner et blanchir le dedans de la court du dit lieu du Boisfroust, et pour le blanchisseur et serviteur d'iceluy : 50 livres.

« *Item*, à Pierre des Vaulx, maczon, pour avoir remparé les murs de la dite maison de la Fousse,... 12 sols 6 deniers. »

« *Item*, à Jehan Bourgault, charpentier, pour 3 journées dont il y en eult deux à mectre ung no audit logeys du Boisfroust, et l'autre journée à estansonner les poultres d'iceluy (logis) de la Fousse... »

« *Item*, aux couvreurs pour les dites deux maisons du Boisfroust et de la Fousse... »

« *Item*, tant pour les doublures, lattes, chanlattes, que goutières, le tout prins au boys des Vaulx... »

Ainsi le compte de Mathurin Souvigné nous apprend que Catherine de la Chapelle avait fait faire des réparations d'une certaine importance aux deux manoirs du Boisfroust et de la Fosse. Le même compte nous parle, çà et là, des métairies de la Haute-Cour, de Champmézières, de la Varie et de Launay en Le Horps, des prés de Louverné, du domaine du Coudray en Chantrigné, enfin surtout de la terre de Commerçon en Melleray, que Georges de Chauvigné avait achetée dans les derniers temps de sa vie. Voici quelques détails curieux sur l'acquisition de cette dernière terre :

« *Item*, baillé à Jehan de Moré, sieur de la Lorye, pour ung pot de vin à luy promis par feu mon frère en présence de M⁰ Michel Regnard et plusieurs aultres, pour luy mectre en main la terre de Courtmerson, baillé 12 livres... »

« *Item*, baillé à Jehan Suzanne pour avoir de luy plusieurs déclarations et adveux touchant la terre de Courtmerson... 50 livres. »

« *Item*, le 16ᵉ de may 1518, furent assemblés au lieu de Courtmerson, Jehan Suzanne, sieur de la Moulnerie (en Niort), le greffier de Lassay, le sergent de Courtmerson, et le dit recepveur Mathurin Souvigné, pour minuter l'adveu du dit Courtmerson, en tant et pour tant qu'il est tenu du Boisthibault. »

« *Item*, baillé le dit recepveur à Jacques Laye pour quatre boisseaux d'avoine qui luy estoient deuz du temps de feu Monsieur, que ledit Laye avoit semé une année les avoines de Courtmerson. »

« *Item*, pour l'adveu de Courtmerson rendu au Bois-thibault. »

« *Item*, à Jehan Suzanne, sieur de Monfoucault, autrefois entremeteur de la terre de Courtmerson, pour avoir aucuns enseignemens de la dite terre de Courtmerson nécessaires à icelle. »

« *Item*, pour la grosse de 4 adveux, savoir de Lassay, du Boisthibault, etc....

« *Item*, le 18ᵉ de febvrier, le recepveur présenta aux pleds du Boisthibault l'adveu deu audit lieu lequel ne fut pas receu et avoit jour à trois sepmaines pour faire ledit adveu. »

Tels sont les renseignements que nous fournit le compte de Mathurin Souvigné, soit pour l'acquisition de cette terre faite par Georges de Chauvigné, soit pour l'obéissance féodale qui avait dû en être faite au Boisthibault après sa mort.

Il paraît même qu'un moment on avait songé à acquérir de Jacques d'Anthenaise, sieur du Fresne, le fief de Monfoucault :

« *Item*, le 16ᵉ de décembre au dit an, ledit recepveur alla au Mans pour marchander avecques Monsieur du Fresne pour le fief de Monfoucault. »

Nous avons vu les diverses démarches qu'il avait fallu faire en ce qui regardait l'aveu à rendre à la seigneurie d'où relevait la terre de Commerçon nouvellement acquise. Le compte en question mentionne plusieurs démarches analogues faites auprès d'autres seigneuries d'où relevaient les autres parties de la terre du Boisfroust et auxquels il y avait lieu non seulement de faire foi et hommage, mais de payer le déport de minorité.

Ces seigneuries étaient celles de Lassay pour le Boisfroust et le Horps ; Saint-Loup-du-Gast, pour les prés de Louverné en Chantrigné ; le Perray, pour les Champmézières, et le Grand-Bois-de-Maine pour le Petit-Bois-de-Maine. Il avait donc fallu faire des obéissances féodales à chacune de ces seigneuries, ainsi que nous l'apprend le compte de Mathurin Souvigné.

« *Item*, ledit recepveur alla au Mans quérir ledit contable pour venir offrir les hommaiges au Perray et à Lassay...

« *Item*, à un notaire qui fut au Perray pour offrir les ditz hommaiges...

« *Item*, baillé à Françoys Duparc, fermier de Saint-Loup, pour le déport qu'il demandoit pour les prez de Louverné.

« *Item*, ledit recepveur alla à Malicorne (résidence de Madelon de Chaources, seigneur du Grand-Bois-de-Maine), pour cuider finer du déport du Petit-Boys-de-Maienne... *Item*, pour une procuration spécialle quant à faire foy et hommage et finer du déport et jurer la féaulté... »

« *Item*, le XVI° de juillet 1517, aux pleds du Perray (en Montreuil) pour la foy et hommaige et rendre l'adveu en despences et coustement (frais) qui appartient à tel cas,... 14 sols 5 deniers. »

« *Item*, le 11° jour d'août 1517, ledit recepveur fina au maistre d'ostel de Monsieur de Malicorne du déport du Boys-de-Maine à la somme de 14 livres... *Item*, ledit jour, ledit recepveur fit la foy et hommaige en la présence dudit maistre d'ostel... »

« *Item*, ledit jour, ledit recepveur alla aux pleds de Saint-Loup faire la foy et hommage au seigneur du dit lieu pour raison des prez de Louverné... *Item*, pour la procuration spécialle pour faire ledit hommaige tant pour façon que seel,... 2 livres 6 deniers. »

« *Item*, pour rendre l'adveu des prez de Louverné, au lieu de Saint-Loup, avecques une déclaration... »

Il est aussi beaucoup question dans le compte de Mathurin Souvigné, au double point de vue domanial et féodal, des terres de Gresse (près la Chapelle-Anthenaise) et de Chailland, qui étaient échues aux mineurs du chef de leur mère, Françoise Margerie, et aussi de

la terre de Chauvigné en Craonnais, qu'ils possédaient
en ligne paternelle. Voici, en ce qui concerne cette dernière terre, ce que nous relevons :

« Pour ung messaiger qui alla en Craonnoys veoir si
les bleds valloient argent et si l'on en vendroit… *Item*,
le receveur alla en Craonnoys pour achever de faire
vendre les bleds…

« *Item*, le 7ᵉ jour de novembre 1519, ledit recepveur,…
tant pour luy… que des mestayers de Craonnoys qui s'en
alloient du Boisfroust…

« *Item*, pour paye et despence de Jehan Allard, envoyé
par Mademoiselle en Craonnois… »

« Ledit recepveur fut à Chauvigné, par une sepmaine,
pour veoir faire les prisées du bétail des mectayries de
Craonnoys… »

C'était donc au Boisfroust qu'était alors la principale
résidence de Catherine de la Chapelle ; toutefois elle
faisait de temps à autre avec ses petits-fils et quelques-
uns de ses serviteurs des déplacements plus ou moins
longs pour aller inspecter par elle-même ses terres de
Gresse et de Chailland, voire même celle de Chauvigné,
plus éloignée encore.

« *Item*, pour la despence de deux hommes et huit
chevaux de Mademoiselle de la Drouardière, tant de foin
que d'avoine, pour quatre jours. »

« A l'issue de la feste de Pasques, Mademoiselle de la
Drouardière alla à Gresses et y fut par l'espace de troys
sepmaines, pour veoir faire la prisée de bestial des mestayries que Jehan Cousin avoit tenues à ferme ; aussi
pour veoir deux meubles de la maison de Gresses et faire
bailler les dites mestayries à ferme, et compta audit
recepveur tant pour le train de la dite damoiselle, auquel
y avoit 8 chevaulx et 8 personnes, compris ceulx qui faisoient les prisées… : la somme de 8 livres 11 deniers… »

« *Item*, par le commandement de la dite damoiselle,
bailla ledit recepveur 24 sols 9 deniers pour ung service
qui fut faict à la Chapelle d'Anthenaise pour les prédé-

cesseurs de Gresse (les de Chailland et les Margerie).

« *Item*, par le commandement de la dite damoiselle, bailla ledit recepveur 20 sols pour une pipe de cidre aux religieux de Saint-Dominique à Laval... *Item*, pour une main de papier... *Item*, une ferreure de chevaulx... »

« *Item*, à Gresse en despence quand Mademoiselle de la Drouardière, Chauvigné (François de Chauvigné) et toute la bende nous en veinsmes de Chauvigné au Boisfroust... »

« *Item*, pour 4 voyaiges que ledit recepveur fit à Chauvigné tandis que Mademoiselle de la Drouardière et toute la brigade y furent par l'espace de quatre moys... »

« *Item*, au retour dudit voyaige de Chauvigné pour reconduire aulcune partie des serviteurs du Boisfroust jusque audit lieu du Boisfroust... »

« *Item*, pour le bled cuyt et pain et pour ung mouton dont le mestaier avoit fourny devant Nouel quant Messieurs et Mademoiselle furent à Gresses en venant de bailler les marchés à Chauvigné... »

Outre ces déplacements de Catherine de la Chapelle et de ses petits-fils à Gresse ou à Chauvigné, le compte de Mathurin Souvigné en relate un autre fait par eux à Fontenailles en Haut-Maine, en juin et juillet 1523, à l'occasion de la mort de Jacques de Scépeaux, le grand-oncle des mineurs :

« *Item*, au moys de juing l'an 1523, bailla ledit recepveur à Mademoiselle pour faire les despens d'elle et de son traing à aller à Fontenailles, quand feu Monsieur fust trespassé... »

« *Item*, à Quatreoreilles qui ramena une partie des chevaulx quant Mademoiselle fust audit lieu de Fontenailles... »

« *Item*, au moys de juillet (1523), ledit recepveur alla audit lieu de Fontenailles où là estoient mes dits seigneurs et Mademoiselle pour adviser de plusieurs affaires comme des meubles dudit lieu et des partaiges avecques Monsieur de Bulleu » (Mathurin de Pennard, fils de

Jean de Pennard et de Radegonde de Scépeaux).

A cette dernière époque, François de Chauvigné et ses frères avaient 17, 15 et 13 ans, et ils devaient « être aux escoles à Paris » d'où on les avait sans doute fait venir pour assister aux obsèques du seigneur de Fontenailles, leur grand-oncle. Pendant les premières années qui avaient suivi la mort de Georges de Chauvigné et de Françoise de Margerie, ils avaient été élevés au Boisfroust par un « magister » que leur avait donné la dame de la Drouardière ou qu'ils avaient peut-être déjà du vivant de leurs parents :

« *Item*, au magister des enffans, pour la moictié d'une vache qu'il bailla au Boisfroust après la mort de feue ma sœur... »

Toutefois, comme cela avait été prévu par l'arrangement du 23 juillet 1516, le moment était venu, en 1518, où il avait fallu envoyer les mineurs aux « escoles » à Paris. C'est ce que nous apprend le compte de Mathurin Souvigné :

« *Item*, le 26ᵉ dudit moys de juillet 1518 et aultres jours enssuivants, pour la despence du doyen de Javron (Louis le Gahineau ?) et dudit recepveur lorsqu'ils allèrent parler audit contable pour adviser de envoyer les enffans aux escolles à Paris. »

Quel collège choisit-on pour ceux-ci ? Nous l'ignorons. Mais ce qui est certain, c'est que, l'année suivante, ils étaient à Paris :

« *Item*, au mois de juing enssuivant 1519, ledit recepveur alla au Mans porter de l'argent aux marchans pour porter à Paris aux enffans... »

« *Item*, a baillé ledit recepveur à Monsieur le doyen de Javron la somme de 24 sols tournois qu'il disoit avoir mis au Mans pour Chauvigné en une paire de chausses de blanchet. »

Ces deux derniers passages nous montrent d'une façon assez curieuse comment on s'y prenait alors pour faire des envois d'argent à Paris. Ajoutons qu'un document de 1521 nous montre Catherine de la Chapelle transportant à Claude de Chauvigné, absent, « escolier en l'Université de Paris, 46 boisseaux de seigle de rente mesure de Lassay, à prendre par chacun an en la part de vente sur les vassaux de Gaigné, pour l'entretenir aux escolles » ; de même en 1526.

Dans les passages où il est question de « Chauvigné », il faut évidemment entendre François, l'aîné des petits-fils de Catherine de la Chapelle dont il est assez souvent question dans le compte de Mathurin Souvigné :

« *Item*, à Guillaume Jouin, serviteur de Chauvigné, la somme de 10 livres pour rendre au secrétaire de Monsieur de Léon (Christophe de Chauvigné) qui les avoit baillés aux médecins et apothicaires quand ledit Chauvigné fut mallade à Paris... *Item*, audit Guillaume pour les petites nécessités dudit Chauvigné... »

« *Item*, le 10e jour de décembre l'an 1520, pour troys aulnes et un quart de drap teint bleu à 45 sols l'aulne pour faire une jacquette à chevaucher à Françoys, baillé 7 livres 6 sols 3 deniers... Pour la façon de la dite jacquette... 10 sols.

« *Item*, pour 6 aulnes de soye rouge pour doubler la dite jacquette, à 12 sols 6 deniers l'aulne... Pour la teinture du dit drap... »

« *Item*, pour ung petit courtault pour Chauvigné : payé 20 livres tournois. »

« *Item*, baillé à Chauvigné une hacquenée qui cousta en Bretaigne 24 livres tournois... *Item*, baillé à Guillaume (Jouin), serviteur de Chauvigné, pour les mêmes affaires dudit Chauvigné,... 7 livres 4 sols... »

« *Item*, quant Chauvigné fut mallade à Chauvigné, baillé au médecin et à l'apothicaire 22 livres. »

« *Item*, à Aron pour les métaiers de Gresses et du Boisfroust qui apportèrent Chauvigné à s'en venir de Gresses... »

« *Item*, (en) ung autre voyaige dudit recepveur (qui) alla de Chauvigné à Laval quérir ung médecin pour

Chauvigné qui estoit mallade, auquel lieu il séjourna ung jour entier ; et (pour la) despense de luy et du médecin et leurs chevaulx, 23 sols. »

« *Item*, en l'an 1523, le 5ᵉ de novembre, baillé à Chauvigné pour achepter ung cheval moreau qui fut achepté à Saint-Paoul (de Léon), payé 20 livres tournois.

« *Item*, le 27ᵉ de janvier audit an, baillé audit Chauvigné pour s'en retourner de Sainct-Paoul au Boisfroust, luy quatrième à cheval, la somme de 24 livres. »

« *Item*, le 10ᵉ de mars l'an que dessus, baillé audit Chauvigné pour achepter ung soye et un pourpoinct de velours noir et pour doubler ledit pourpoinct en soye, la somme de 38 livres 7 sols.

« *Item*, ledit jour audit Chauvigné, pour 3 aulnes et demye de drap de velours noir pour border une robe de damas, du prix de 6 livres l'aulne, baillé 21 livres.

« *Item*, le 14ᵉ de mars l'an que dessus, baillé audit Chauvigné pour aller à la foyre à Maienne achepter plusieurs abillemens, 20 livres.

« *Item*, le dernier jour d'avril 1525, fut baillé à Monsieur de Bulleu la somme de 818 livres... et pour faire ladite somme fut prins toute la vaisselle d'argent à Fontenailles et autres petites bagues d'or avecques autres doreures qui estoient au Boisfroust ; lesquelles bagues et vaisselle furent vendues la somme de 642 livres tournois, de laquelle fut prins par Chauvigné la somme de 32 livres pour faire des boutons d'or à sa robe... »

« *Item*, ledit recepveur bailla à Guillaume Jouin pour achepter à Monsieur de Chauvigné une tresse, soulliers et autres choses,... 40 sols. »

« *Item*, le 20ᵉ jour de may 1523, ledit recepveur bailla à Guillaume Jouin, serviteur de mesdits seigneurs, pour les services du temps passé jusques à la sainct Jehan prouchainement venant, et pour mises par luy faictes, la somme de 39 livres tournois à laquelle somme Monssieur et Mademoiselle avoient compté audit Jouin... »

« *Item*, a baillé ledit recepveur à Ragain de Lassay

pour la faczon d'une paire de brodequins pour Chauvigné, 2 sols 3 deniers. »

« *Item*, audit moys pour conduire Chauvigné en Craonnoys au service de l'abbé de la Roë[1], bailla ledit recepveur en despence et ferreure de chevaulx 25 sols 10 deniers tournois. »

« *Item*, à Laval pour l'acoustrement de sa hacquenée, 7 sols 2 deniers tournois. »

« *Item*, pour les gesses d'une paire de houseaulx achaptez audit lieu de Laval pour Chauvigné... »

« *Item*, bailla ledit recepveur au fils de Fabien de Landemaienne, tant pour une peau à faire brodequins, esguillettes que une gibecière, le tout pour Chauvigné, la somme de 22 sols... »

Comme on a pu en juger par tous ces extraits, le compte de Mathurin Souvigné est pour nous un document des plus instructifs qui nous initie aussi complètement que possible au train de vie que menaient dans cette première moitié du xvie siècle les seigneurs du Boisfroust.

Cependant, ainsi qu'on l'a vu. Jacques de Scépeaux, le frère d'Antoinette, était mort dans les premiers jours de juin 1523. Marié avec Catherine d'Angennes, fille de Jean d'Angennes, seigneur de Rambouillet, et de Jeanne de Courtemblay, il avait survécu à celle-ci, et, comme il n'en avait pas eu d'enfants, sa succession se trouva disputée entre de nombreux héritiers. C'étaient d'abord les mineurs de Chauvigné et leur oncle Ambroys de Mégaudais, second mari de Catherine de Chauvigné, leur tante paternelle, tous représentants Antoinette de Scépeaux ; puis Mathurin de Pennard, seigneur de Bulleu, fils de Radegonde de Scépeaux ; sans parler de Jean d'Angennes, seigneur de Rambouillet, et de Renaud d'Angennes, seigneur de la Loupe, qui réclamaient les droits de Catherine d'Angennes dans la succession du

----

1. Guy III Le Clerc, abbé de la Roë, mort en 1523.

seigneur de Fontenailles. Après une année de procédures entre tous ces cohéritiers, les choses finirent par s'arranger. En 1524, par acte du 4 septembre, Ambroys de Mégaudais, agissant au nom de Catherine de Chauvigné, sa femme, renonça à ce qui pouvait compéter à celle-ci dans la succession de « feu n. h. Jacques d'Espeaux, en son vivant seigneur de Fontenailles et de l'Esperonnière », et reçut en échange « le lieu, domaine, fief, seigneurie, dépendances et appartenances de Chailland, tant en fief qu'en domaine ». Quant à Mathurin de Pennard, qui prétendait à la moitié des meubles de Fontenailles, il finit par transiger, et se contenta de la métairie de l'Oysellière Comme principaux héritiers, les mineurs de Chauvigné eurent la terre de Fontenailles, et, dès le 15 octobre 1524, révérend père en Dieu Christophe de Chauvigné, évêque de Léon, tuteur et curateur de François, Jean et Claude de Chauvigné, seigneurs de Fontenailles, obtint au nom de ceux-ci, contre le procureur de la cour de Château-du-Loir, de la part du bailli de Château-du-Loir, une sentence les mettant en pleine délivrance des droits d'étalage, coutume et levage qui d'ancienneté étaient accordés au bourg d'Écommoy. C'est également en ces années-là que les mineurs de Chauvigné acquirent de Guy de Scépeaux, seigneur du dit lieu de Landivy, la terre de l'Isle d'Athée. Il est vrai que les enfants de celui-ci ne tardèrent pas à en réclamer le retrait lignager, ce qui occasionna un procès entre eux et les Chauvigné ; mais ceux-ci finirent par en rester propriétaires.

Catherine de la Chapelle testa le 22 juin 1527. Dans son testament, qui nous a été conservé, elle se dit paroissienne de Sainte-Marie-du-Bois et demande à être « ensépulturée en la chapelle de l'église parrochiale de la Baroche-Gondouin. » Parmi les églises auxquelles elle voulait qu'il fût « dit et offert dix deniers d'oblation à son intention », figurait « Saint-Hippolyte à Nior », et elle voulait aussi qu'en cette église, le lendemain de son

obit, au plus tôt, il fût dit et célébré « un trentain gré-
gorien et tout en ung jour ». Elle donnait « à Monsieur
et révérend Monseigneur l'évesque de Léon », pour « les
peines » qu'il aurait à « mettre à exécution ce présent »
son testament, la somme de cent livres tournois sur
tous ses « biens meubles, le premier prins, » auquel
« elle priait et suppliait tant humblement que faire le
pouvait » lui faire « cest honneur d'en prendre la peine ».
Elle priait en outre « mondit seigneur de Léon qu'il luy »
plût « qu'on ne fist pas grands bobans » pour elle, mais
du moins elle lui recommandait sa « pouvre âme » et
aussi « à ses enfans Franczois, Jean et Claude de Chauvigné », qu'elle priait « avoir souvenance de pryer et
faire pryer Dieu » pour elle. Elle suppliait enfin « mon
dit seigneur et révérend prendre la peine de « benistre le
cymetière nouveau à la dite église de la Baroche »
qu'elle avait « baillé en terre profane pour benistre et
récompense de la dite chapelle... » Elle voulait que les
cloches de différentes églises, et en particulier celles de
Niort, fussent sonnées « le jour de son trespas pour
esmouvoir le peuple de pryer Dieu ». Elle voulait que
ses exécuteurs achetassent « de l'ostade pour faire des
chasubles données toutes faictes avecque ung escusson »
de ses armes à différentes églises, entr'autres à celle de
Niort. Elle recommandait à l'aîné de ses petits-fils,
François de Chauvigné, d'agir avec ses frères puînés
« ainsi qu'il vouldroit luy estre faict s'il estoit puisné ».
Elle recommandait à tous les trois sa « pouvre âme »,
les priant de tout son cœur d'avoir « charité et parfaict
amour ensemble ». Elle voulait que son petit-fils François fit de ses robes, excepté celles desquelles elle avait
disposé, des « verges, anneaulx, bagues et aultres petites besongnes », ainsi qu'il lui plairait ; qu'il fût « homme de bien » et qu'il eût toujours son « âme en recom-
mandation ». Les exécuteurs testamentaires devaient
être : « R. P. en D. Monseigneur Monsieur l'évesque de
Sainct-Paoul de Léon, seigneur de Septforges ; Franc-

zois, Jehan et Claude de Chauvigné », ses petits-enfants ;
« Maistre Loys Legaignou, doyen de Javron et curé de
Juvigné », etc. Suivaient des dons faits à quelques personnes attachées à sa maison, parmi lesquelles nous
retrouvons Mathurin Souvigné et Guillaume Jouin.

Cependant François de Chauvigné, devenu majeur,
avait pris l'administration de ses biens. C'est alors que
Christophe de Chauvigné, évêque de Léon, à qui il
avait demandé de lui rendre ses comptes de tutelle, lui
remit celui qu'avait tenu Mathurin Souvigné et qui nous
a fourni de si curieux et abondants renseignements. Ce
compte fut « ouy, clos et examiné » par Pierre Le Jar-
ryel, « convenu et esleu pour ce faire » par Christophe
de Chauvigné. Est-il besoin d'ajouter que le jeune seigneur du Boisfroust, « tant en son nom que ou nom et
soy faisant fort » de Jean et Claude de Chauvigné, ses
puinés, se hâta de l'approuver et d'en donner quittance
à son oncle, par devant Edm. Métaier, « licentié ès loix,
lieutenant général et ordinaire en la sénéchaussée du
Maine [1] ? »

Quant à ses deux frères, ils ne tardèrent pas également à atteindre leur majorité. Aussi en juillet 1529,
François de Chauvigné, « héritier principal de feuz nobles personnes Georges de Chauvigné et damoiselle
Françoise Margerie, seul et principal héritier, par repré-
sentation des dessus dits de Chauvigné et de Margerie,
de feuz nobles personnes René de Chauvigné et damoiselle Antoinette de Scépeaux, de feuz Jehan Margerie et
de damoiselle Catherine de la Chapelle, et de noble
homme Jacques de Scépeaux », bailla-t-il en partage à
Jean de Chauvigné, son frère puîné, en usufruit et « sa
vie durant seulement » : 1º le lieu de Gresse, « tant en
fief que en domayne », avec les métairies qui en dépen-
daient ; 2º « le fief, terre et seigneurie d'Oisillé, avec ses
dépendances [2] ».

1. Arch. du château de Lassay, fonds du Boisfroust.
2. Arch. du château de Lassay, fonds du Boisfroust.

Jean de Chauvigné, qui était entré dans les ordres, devint plus tard chanoine du Mans (1546), puis successivement curé de Niort (1548), de Bouloire et de Rennes-en-Grenouille (1552), et ce fut à lui qu'avant de mourir, vers 1555, son oncle, Christophe de Chauvigné, résigna l'archidiaconé de Montfort[1].

Quant à Claude de Chauvigné, le troisième des fils de Georges de Chauvigné et de Françoise Margerie, il vivait certainement encore à cette époque, bien qu'il ne soit pas fait mention de lui dans le partage précédent. Il semble être entré, lui aussi, dans les ordres et être mort le 2 juillet 1534[2]. C'est d'ailleurs tout ce que nous savons de lui.

Au début de l'année 1530, François de Chauvigné épousa Antoinette de Prunelé, fille de François de Prunelé, seigneur d'Herbault, entre Blois et Vendôme, et d'Antoinette Le Roy de Chauvigny. Les Prunelé, qui portaient pour armes : *de gueules à 6 annelets d'or*, étaient une famille aussi ancienne qu'illustre. Dès la première moitié du XIVe siècle, ils possédaient la châtellenie d'Herbault, et, à cette même époque, une fille de Guy de Prunelé s'était unie avec Robert d'Harcourt ; en 1390, Jean de Prunelé était grand bailli gouverneur de Touraine et chambellan du roi Charles VI ; dans les premières années du siècle suivant, Jean de Prunelé, probablement fils du précédent, avait épousé Isabeau d'Amboise, fille d'Hugues d'Amboise, seigneur de Chaumont-sur-Loire, et d'Anne de Saint-Véran.

Quant aux Le Roy de Chauvigny, leur illustration est trop connue pour que nous ayons besoin de la rappeler ici. Contentons-nous de dire qu'ils étaient alliés aux

1. A. Angot, *Dictionnaire hist. de la Mayenne*, art. Chauvigné, Gresse et Oisillé.

2. Arch. du château de Lassay, fonds du Boisfroust : extrait sur papier fait, en 1587, par Etienne Drugeon, curé d'Ecommois, d'un vieux missel de son église où étaient inscrits en marge les naissances et décès des seigneurs de Foutenailles ainsi que des membres de leur famille.

plus nobles familles du royaume, les Dreux, Gouffier, Du Plessis de Richelieu, La Jaille, etc., et que Guyon Le Roy avait été vice-amiral de France sous Charles VIII et Louis XII.

Telle était la glorieuse alliance qu'apportait aux Chauvigné du Boisfroust Antoinette de Prunelé. Elle donna d'ailleurs à son mari de nombreux enfants :

1° Charles, né à Fontenailles le 13 décembre 1530[1] ;

2° Louis, né au Boisfroust le 9 février 1532 (n. st.)[2] ;

3° Roland, né à Fontenailles le 5 mai 1532[2] ;

4° Antoine, né au Boisfroust le 2 juillet 1534[2] ;

5° Lancelot ;

6° Claude ;

7° Catherine.

Comme on le voit, François de Chauvigné résidait tantôt à Fontenailles en Ecommoy, tantôt au Boisfroust, et il paraît avoir mené un assez grand train de vie dans ses deux résidences du Haut et du Bas-Maine, si nous en jugeons par ce fait qu'il avait un « maistre d'ostel » ou intendant qui, lui-même, n'était pas le premier venu, puisque les actes où il est question de ce personnage le mentionnent sous le nom de « noble homme Claude de Courtoux[3] », et qu'en effet les Courtoux, originaires de Saint-Pierre-sur-Orthe, étaient une ancienne famille qui justifia de sa noblesse en 1666 devant Voisin de la Noiraye.

Mais précisément à cause de ce train de vie luxueux, le seigneur de Boisfroust ne tarda pas à se créer de sérieux embarras d'argent. Pour y remédier, nous le voyons mettre en vente plusieurs de ses terres : d'abord en 1539 la Varie en le Horps, engagée pour la somme

1. Arch. du château de Lassay, fonds du Boisfroust : extrait de Mᵉ Etienne Drugeon, déjà cité.

2. *Ibidem.*

3. Il est cité dans quatre actes en parchemin, tantôt comme témoin, tantôt comme procureur du seigneur du Boisfroust, et dans un acte de 1542, il est qualifié « maistre d'ostel » de celui-ci (Arch. du chât. de Lassay, fonds du Boisfroust).

de 70 livres de rente à Marguerite Le Moine, veuve du seigneur de la Touche, près Ambrières[1] ; puis en 1542, la Touchardière en Ballots, vendue pour 9.100 livres à « n. h. Georges Chevallerie, sieur de l'Espine, demeurant à Vitré en Bretagne[2] ». On voit aussi par diverses reconnaissances[3] signées de lui qu'à cette époque il avait emprunté de Me Gabriel de Landisson, prêtre[4], sieur de Monfoucaud en Melleray, son voisin du Boisfroust, certaines sommes pour le payement des intérêts desquelles il avait hypothéqué le « domaine et mestairie du Pont, en Chevaigné. » C'est à l'occasion de la constitution de cet emprunt qu'il écrivait à son prêteur, en lui envoyant sa satisfaction, la lettre suivante qui vaut la peine d'être reproduite ici :

« Monsieur de Monfoucault, je me recommande bien fort et de bon cueur à vous. J'ay tardé ung peu de vous envoyer la ratification que fault ; mais ce a esté pour la compaignie qui estoit cyens où j'estoys (occupé) à leur faire grant chère.... Je vous envoye ce porteur pour la vous faire tenir, que (lequel) ay chargé vous tenir aultre propos, dont je l'ay adverty auxi suivant les promesses que me fistes que avez continué à ce présent porteur. Je vous prie de croire de ce qu'il vous dira qui est pour

1. Archives du château de Lassay, fonds du Boisfroust.
2. *Ibidem*.
3. *Ibidem*, liasse en parchemin.
4. Gabriel de Landisson appartenait à une ancienne famille bourgeoise de Céancé (près Domfront) qui avait fourni dans la première moitié du xve siècle un chanoine à l'église du Mans, et au commencement du xvie un curé de Céancé, devenu ensuite curé de Lévaré. Elle possédait la plus grande partie, non pas de la seigneurie, mais du fief de Monfoucaud, depuis le milieu du xve siècle. Me Gabriel de Landisson devait être assez riche, car, outre sa terre de Monfoucaud, il avait acheté en 1523 le domaine et métairie du Bois-Pichard, également situés à Melleray, et l'année précédente il avait pris à ferme de Jean de Feschal, seigneur de Thuré, la terre seigneuriale de la Beraudière en Céancé. En 1541, il avait pour résidence la plus ordinaire une maison à lui, située au Mans, paroisse de Saint-Pavin ; il était peut-être, lui aussi, chanoine de la cathédrale.

vostre proffict en me faisant plaisir, qui sera l'endroict où je prie Dieu vous donner ce que vous désirez.

« Du Boisfroust, le 13ᵉ jour de juillet (1537).

« Vostre voysin et bon amy,

« De Chauvigné [1] ».

En 1538, François de Chauvigné servit sous le commandement du connétable Anne de Montmorency et, de ce fait, il fut dispensé du service de l'arrière-ban [2]. En 1547, il fit fondre, sans doute pour la chapelle du Boisfroust, une cloche qu'on peut voir actuellement dans l'étage inférieur d'une des tours du château de Lassay, et autour de laquelle se lit cette inscription : « François de Chauvigné, seigneur dudit lieu, du Boisfroust et de Fontenailles, m'a faict faire l'an de grâce 1547 » ; inscription au dessus de laquelle figurent les armes de la maison de Chauvigné.

Ce seigneur de Boisfroust mourut au commencement de 1548, vers le milieu de février. En effet, Christophe de Chauvigné et « Mᵉ Jehan de Chauvigné, sieur d'Oysillé », oncle et frère du défunt, exposèrent à Anselme Taron, « licentié en loix, lieutenant général et ordinaire de Monseigneur le séneschal du Maine », que « depuys quinze jours ença Franczoys de Chauvigné » était « décédé et allé de vie à trespas », laissant « quelques enfants mineurs avecques plusieurs biens tant meubles qu'immeubles » et avait « ordonné par son testament et dernière volonté les exposans ses exécuteurs ». Or, « pour le deu de leur charge et exécution dudit testament », il était « besoin et nécessaire » de « faire inventaire d'iceulx, et pour ce faire appeler aulcuns des parens desdits mineurs. » Le lieutenant général du sénéchal du Maine manda en conséquence « au premier sergent ou notaire de court laye sur ce requis » de faire droit à la requête de l'évêque de Léon et du sieur d'Oysillé et de

1. Archives du château de Lassay, fonds du Boisfroust.
2. Abbé Angot, *Dict. hist. de la Mayenne*, art. Chauvigny.

procéder à l'inventaire des biens en question[1]. De fait, cet inventaire eut lieu le 5 mars[2]. Ce jour-là, en effet, les notaires se transportèrent au manoir du Boisfroust et commencèrent par « la chambre haulte estant sur la chambre dudit deffunct seigneur. » Ils y trouvèrent les meubles suivants :

« Premier deux grans charlictz de boys faictz o menuyseries et médalles, garnyz de lictz, couectes et travers lict, ledit charlictz estant près le feu, avecques ciel de veloux jaulne et gris avecques custodes ou rideaulx de serge jaulne et verte, l'aultre charlict garny de ciel de taffetaz vert et noir garny de custodes ou rideaulx ; ladite chambre garnye de tapisseryes en nombre [de] huit pieczes faczon de Flandres faictes à personnaiges. »

Il y avait en outre dans la même chambre « ung grand coffre anxien estant à l'entrée de ladite chambre ouquel ont esté trouvez les acoustremens cy après nommez, sçavoir est une robbe de veloux cramoysy, usaige de femme, parée ou devant de satin cramoysy et parée au reste de satin cramoysy ;

« *Item* plus, une robe de veloux noir ou parée de satin cramoysy et doublée de taffetas cramoysy ;

« *Item*, une aultre robe de satin rouge broché de fil d'or ;

« *Item*, une cotte de veloux bleu doublé de drap rouge ;

« *Item*, une cotte de toile d'argent doublée de drap rouge ;

« *Item*, une robe de satin noir à bastons rompuz doublée dudit satin, brochée et bordée de tresse d'or à usaige d'homme ;

« *Item* une robbe de veloux violet cramoysy à deux frenges d'or et bendes de satin violect au dedans et parée dudit satin à usaige d'homme ;

« *Item* plus, une trompe enchassée en argent avec-

1. Archives du château de Lassay, fonds du Boisfroust, original en parchemin.
2. *Ibidem*, cahier en papier de 12 feuillets.

ques la penthe de velours gris garnye de doze boutons d'argent ;

« *Item*, ung chappeau de paille faczon ;

« *Item*, une paire de brassières de satin violet ;

« *Item*, une paire de brassières de satin cramoysy ;

« *Item*, deux pieczes à femme de veloux cramoysy ;

« *Item*, une piecze de satin cramoysy ;

« *Item*, une piecze de satin rayé d'or ;

« *Item*, une aultre piecze de taffetas cramoysy ;

« *Item*, une paire de brassières de satin blanc ;

« *Item*, une chère grande tapissée, avec une aultre petite chère tapissée ;

« *Item*, ung buffect garny de deux tapycz, l'un fort usé ;

« *Item*, une table garnye d'un autre tapyz ;

« *Item*, une aultre viele chère ;

« *Item* plus, deux petyz landiers. »

On passa de là dans « la garde robe de ladite chambre », où on trouva :

Deux chalits « avecques couvertures, l'une blanche, l'autre de sargecte rouge et verte ;

« *Item* plus, dix pieczes de tapisseryes o figures des moys de l'an armoyées des armeoiries dudit deffunct seigneur, quelle tapisserye a acoustumé estre mise à parer la salle de ladite maison :

« *Item* plus, six aultres pieczes de tapisserye desquelles ladite chambre de sur le boys a acoustumé estre parée ;

« *Item* plus, en ung grant coffre » étant à l'entrée de la « garde-robe », on trouva « ung coffret couvert de veloux cramoysy à broderye d'or, dedans lequel » il y avait « troys souilles d'oreiller, l'une parillée de soye jaulne, l'autre rouge et l'autre noire contenant ung estuy de paignes » ;

« *Item* plus, ung petit coffret faczon de bahu faict à paineture ;

« *Item* plus, six draps de troys toilles de Hollande, chascun drap ;

« *Item* plus, six grands draps sans coulture ;

« *Item* plus, douze grands draps de lin ;

« *Item* plus, quatre draps de melinge ;

« *Item*, oudit petit coffre couvert de veloux cramoysy, huict petits couvrechefs à tyrelites de Hollande et de lynouple. »

On remarqua aussi que dans ladite garde-robe il y avait « trois coffres scellez » qui ne furent pas ouverts parce que, disait-on, ils « estoient empeschés de lettres. »

De là, on se transporta dans « une aultre chambre haulte de ladite maison » appelée « la chambre du milieu ». On y trouva :

« Deux grans charlictz garniz de lictz avecques couvertures l'une de sergette rouge, l'autre de serge grumelée avecques ung ciel de cymaize et ung aultre ciel de taffetas grix ou blanc, ladite chambre parée de six piècez de sargecte rouge et verte à l'entour de ladite chambre ;

« *Item* plus, deux landiers, l'un d'iceulx rompu. »

On passa ensuite dans « une aultre chambre nommée la chambre verte estant près ladite grand chambre », et on y remarqua :

« Deux charlictz à cognolles garnyz de lictz et travers lictz avecques ciels l'un de taffetaz blanc, gris et violect ou jaulne, l'autre ciel faict à repuraige à fil de aiguille et couvertures l'une de sarge rouge, l'autre de *(blanc)* et les rydeaulx ou custodes de sargecte rouge et verte estant ou lict près la chemynée ; ladite chambre parée à l'entour de vielles tentes de sargectes. »

On remarqua encore en cette chambre verte un coffre « ouquel » on trouva « le linge cy-après déclaré :

« Premier six tablierz damaczés avec quatre douzaines de serviettes aussy damaczés ;

« *Item*, huit tablierz oupvrés avecques quatre douzaines de serviectes oupvrées ;

« *Item*, quatorze grandes serviectes oupvrées à laver mains ;

« *Item*, avecques troys aultres serviectes anxiennes qui servent de lingeries ;

« *Item*, deux douzaines de tablierz de lin ;

« *Item* plus, deux tablierz de lin ;

« *Item*, cinq douzaines de serviectes de lin toutes neufves ;

« *Item* plus, troys douzaines de serviectes vielles et anxiennes. »

De là on passa dans « une aultre chambre haulte appelée la grande chambre » ; on y trouva : « … deux charlictz à cognolles garniz de lict, couectes et travers lict, ledit charlict estant à l'entrée de ladite chambre, estant garny d'un ciel meparty de veloux noir et taffetas changeant columbe, couverture rouge ; l'autre charlict garny d'un ciel mieparty de satin bleu, satin broché et toille d'or avecques custodes, alias rideaulx de sargecte perse et rouge, couverture de sarge blanche ;

« *Item*, deux chaires couvertes de broderyes ;

« *Item*, une table garnye de tapyz veluz de Turquye ;

« *Item*, une armoyre garnye d'un tapyz velu faict à la faczon de Turquye ;

« *Item*, ladite chambre parée et garnye de six piezces de tapisserye de Flandres à bestes. »

De là on se transporta « en une aultre chambre basse appelée la chambre de sur le boys. » On y trouva : « deux charlictz à cognolles garnyz de lictz, couectes et traverslicts avecques cielz veluz à naiges et au charlict près la chemynée y a custodes, alias rideaulx, de sargette perse et rouge avecques couvertures de sarge rouge ;

« *Item* plus, une armoyre anxienne avecques ung grand coffre qui n'a esté oupvert, ouquel on a dit estre les tiltres et enseignemens de la maison et procès ;

« *Item*, plus deux tapiz veluz l'un sur ladite armoyre, l'autre tapyz sur ledit coffre. »

Dans « la garde robe de ladite chambre », on trouva « ung coffre ouquel » il y avait « six chandeliers d'estain et piezces en laine et en fil. »

On arriva alors à « la salle de ladite maison » du Boisfroust. On y remarqua « deux bancs, deux tables et
treteaulx, quatre chaires, ung buffect ;

« *Item*, une cuvette de cuysine à laver mains et une
vielle buye d'estaing ;

« *Item* plus, une esbinoete de gauffre ;

« *Item*, deux gros timbaliers et une pallecte, le tout
de fer. »

De là on passa dans « la chambre de sur la cuysine »
où l'on trouva « deux charlictz garnyz de lictz avecques
couvertures de linge, couvertures de sarge blanche ;

« *Item* plus, ung *(mot illisible)* avecques un petit coffre ;

« *Item*, ung banc, ung bahu et une chaire percée. »

Dans le bahut on découvrit « vingt-six couvrechefs de
lin avecques une douzaine de gros couvrechefs de lin et
troys draps de ply ;

« *Item*, troys douzaines de souilles de lin ;

« *Item* plus, douze grosses souilles de lict. »

De là on passa dans « la chambre de Madamoyselle »,
c'est-à-dire de la veuve de François de Chauvigné, Françoise de Prunelé ; on y trouva : « Deux charlictz garnyz
de lictz, traverslictz, l'un desdits lictz garnyz de ciel de
sargecte noire, custodes pareilles, l'autre charlictz garny
de ciel de toile de raigiant, custodes de linge, couvertures de sarge blanche ; l'autre lict garny de couverture
de sarge rouge ;

« *Item*, une table ronde garnye de tapys ;

« *Item*, ung tapyz vert. »

De là, on passa dans « la basse salle » où on trouva
« ung coffre » contenant « huit nappes de brin, six vieilles nappes, ung lict garny. »

On trouva encore dans ladite basse salle « deux coffres », un grand et un petit ; dans le grand, il y avait
« quarante-huit grands draps », plus « six petitz draps
avec deux couvertures de linge et ung vieil pavillon »,
plus « vingt-troys chandeliers tant grands que petitz » ;

dans le petit coffre, il y avait « quatorze gros draps avecques deux pacquetz de gros fil escru. »

On en avait fini avec les chambres et les salles du
manoir du Boisfroust ; il ne restait plus qu'à visiter dans
la maison principale la cuisine et le cabinet de la dépen-
se : dans la première, on trouva « quatre douzaines de
plactz et quatre plactz ; *item*, quatre charges de pain,
dix-huit escuelles d'estain ; deux escuelles à oreilles ;
item, deux landiers dont un rompu ; *item*, deux routis-
soirs ; *item*, six grans broches et une petite ; *item*, troys
grilz, ung grant et deux petitz ; *item*, treize assiectes
d'estain », dont deux étaient « rompues » ; *item*, trois
chauldrons d'airain, deux moyens et ung grand ; *item*,
troys poilles à queue ; *item*, une marmytte de fer ; *item*,
troys grands potz de fer ; *item*, deux cuillers de fer ;
item plus, une escuelle d'estain ; *item* plus, ung petit
chauldron ; *item*, deux crémaillères ; *item* plus, deux
escuelles d'estain. »

Dans le « cabinet de la despence » qui était « au boult
de ladite salle », on trouva « en la garde de Guillet,
despencier à présent, six coulpes d'argent, deux d'ycel-
les plus grandes que les aultres ; *item*, ung bassin d'argent à laver mains ; *item*, deux eiguières d'argent ;
item, troys sallières d'argent ; *item*, douze cuillers d'argent estant en ung estuy ; *item*, ung grand cousteau
large à cousper pain à manche de corne ; *item*, sept pots
d'estain, l'un desquelz est petit ; *item*, sept choppines
d'estain avecques une escuvère d'estain ; *item*, deux
flacons d'estain ; *item*, un viel flacon rompu. »

Qu'était-ce que « la maison du portail » où était une
« salle anxienne » dans laquelle les notaires pénétrèrent
ensuite ? L'inventaire nous y signale « deux charlitz
garnyz de deux lictz et vielles courtines », en faisant
remarquer que « sur l'ung des lictz » il y avait « une
couverture de sarge blanche et rouge avecques la lic-
tière dudit deffunct seigneur ». Cette même « maison du
portail » avait « une chambre haulte » sur le grenier de

ladite maison. Il s'y trouva « deux charlictz garnys de lictz, couectes, traverslictz et couvertures. » C'est sans doute toujours sous le même toit qu'était située « la chambre de la faulconnerye » où il y avait « deux charlictz garniz de lictz et couvertures et vieilles courtines. » De là on se transporta dans « la chambre basse soubz ladite chambre » et on y remarqua « deux charlictz anxiens garnyz de deux couectes garnyes de plume et un traverslict. »

Après avoir ainsi inventorié « la maison du portail », on jeta un coup d'œil dans « l'estable des chevaulx (l'écurie) ». On ne trouva à y noter que « ung lict pour les palfrenyers ».

On ne négligea pas d'ailleurs les « celiers et caves de ladite maison et manoir du Boisfroult » ; on y aperçut « deux grandes cuves plaines de lard avecques une aultre pippe plaine de lard. » On y remarqua aussi « deux petitz charnyers, » dont l'un contenait des « andouilles » et l'autre « des testes de porc fumées. » Dans un autre petit charnier on trouva encore « vingt et une pieczes et neuf de saison sallé. » Dans « une huche de boys estans en l'ung desdits celliers », on trouva « cinq potées de gresse et une demye » et dans une autre huche « estans audit cellier, « certain cuyr tanné. » Enfin dans les coins il y avait « six pipes de vin nouveau » sur lesquelles quatre étaient « de vin du creu de Chauvigné » et deux « de vin vieil. »

Nous avons dit que de l'union de François de Chauvigné et d'Antoinette de Prunelé étaient nés six fils : Charles, Louis, Roland, Antoine, Lancelot et Claude ; et une fille, Catherine. Charles et Antoine durent mourir en bas âge : en tout cas, nous ne les voyons plus figurer dans aucun acte. C'est donc Louis qui, dès 1550, bien que mineur de vingt ans, mais sans doute émancipé, nous apparaît comme seigneur du Boisfroust en qualité de principal héritier noble de ses parents. Si nous en croyons l'abbé Angot, il aurait dès 1548 ratifié un contrat fait par son père avec les religieuses du couvent de Patience de Laval [1]. Ce qui est certain, c'est qu'en 1550 il fit procéder à son profit au bail du fief, appartenances et dépendances du Meslanger, ès paroisses de Saint-Fraimbault-de-Lassay et de Geneslay, fait à la requête de René de Tessé, sieur de Margot [2], et que, le 17 février de l'année suivante, il acheta le champ de la Vallée, dans le voisinage du Boisfroust, près de la Rousselette [3].

De même, en septembre 1551, il reçut une déclaration féodale au regard de sa terre et seigneurie du Horps ; il se qualifie en cette occasion : « noble et puissant Monseigneur…, seigneur de Chauvigné, de Fontenailles, du Boisfroust, Rennes, Glandsemée, la Drouardière, Gaigné, la Varie et le Horps [4]. » Il fit du reste, dans le courant de la même année, plusieurs acquisitions d'héritages : l'une, le 6 octobre, aux lieux de la Boudeirie et de Louverné, en Chantrigné [5] ; l'autre en décembre, au village de la Roussière, paroisse du Housseau, non loin du Boisfroust [6].

C'est assurément le 8 août de cette année-là, et non le 8 août 1541, qu'avait eu lieu, dans l'église de Niort, un double baptême de cloches. Sur la première de celles-ci était gravée cette inscription : « Je suys ici pour Monsieur Louis de Chauvigné, fondateur de cette église », et sur la seconde, on lisait le nom de « R. P. en D. Christophe de Chauvigné, évêque de Saint-Pol-de-Léon [7]. »

Cependant, en 1552, Henri II, après avoir déclaré la guerre à Charles-Quint, s'apprêtait à faire la conquête des Trois-Évêchés, et avait pour cela fait appel à toute

1. Abbé Angot, *Dict. hist. de la Mayenne*, art. Chauvigny.
2. Archives du château de Lassay, fonds du Boisfroust, original en parchemin.
3. *Ibidem*, acte en parchemin.
4. *Ibidem*.
5. *Ibidem*.
6. Archives du château de Lassay, fonds du Boisfroust.
7. Abbé Angot, *Dict. hist. de la Mayenne*, art. Niort.

sa noblesse. Cet appel fut entendu du jeune seigneur du Boisfroust, qui, sous l'égide de son grand-oncle maternel à la mode de Bretagne, Louis Le Roy, seigneur de Chauvigny, alors capitaine d'une des compagnies des gardes du corps[1], se hâta de rejoindre l'armée « en bon et suffisant équipage » et suivit le roi « ès pais d'Allemagne, de Luxembourg et de Hainaut. » Il s'y comporta vaillamment ; aussi, dès le mois de juillet de la même année, Henri II, pour lui prouver combien il avait été content de ses services, l'en récompensa en le déchargeant du ban et de l'arrière-ban, comme l'attestent les considérants de la lettre patente lui accordant cette faveur[2] :

« Henry, par la grâce de Dieu, roy de France, à tous baillis, séneschaux et aultres nos justiciers, officiers ou leurs lieutenants... Sçavoir faisons que nous, inclinant libéralement à la supplication et requeste qui faicte nous a esté de la part de nostre cher et bien amé Loys de Chauvigné, sieur dudit lieu, en faveur et considération des bons et recommandables services qu'il nous a cy-devant faicts et faict encore de présent, nous ayant suivy en bon et suffisant équipaige avec nostre armée ès voiaiges que nous avons faicts en personne ès pais d'Allemaigne, Luxembourg et Hénaut, comme nous avons été certifiés par le sieur de Chavigny, l'un des cappitaines de nos gardes, icelluy... avons... exempté... des service et contribution à nos ban et arrière-ban pour raison des fiefs et tenements nobles qu'il a assis en vos dits bailliaiges, séneschaussées et juridictions, etc. Donné à Trélon, le 13e jour de juillet l'an de grâce 1552. »

1. Louis Le Roy, seigneur de Chauvigny et de la Baussonnière, conseiller et chambellan du roi, capitaine de ses gardes du corps, fut institué « capitaine de soixante archers nouvellement établis pour la garde du corps du roy, » après la mort du seigneur de Montreuil-Bouin, par lettres du 4 juin 1517, servit sous les rois Louis XII et François Ier en plusieurs charges honorables et importantes, où il fut employé tant deçà que delà les Monts, se trouvait à la bataille de Pavie et vivait encore en 1554 (Père Anselme).

2. Archives du château de Lassay, fonds du Boisfroust, original en parchemin.

Dans le courant de cette même année 1552, Louis de Chauvigné épousa Claude de Bouillé, dame de la Boussardière, fille de René de Bouillé, seigneur dudit lieu, de Ternay, du Rocher et du Bourgneuf, et de sa première femme, Perrine Espervier. Il était donc devenu le beau-frère de René de Bouillé, comte de Créance, qui fut plus tard chevalier des deux ordres du roi et gouverneur du Maine.

L'année suivante, nous le voyons acheter une portion de vallée à la Rousselette, près du Boisfroust[1]. De même, le 26 avril 1555, il se rendit acquéreur d'un taillis situé près du village de la Changonnière[2]. Comme on le voit, lui aussi cherchait à agrandir le plus possible le domaine de la terre du Boisfroust. Le vieux manoir de cette belle terre était d'ailleurs sa résidence la plus ordinaire ainsi que nous l'apprend l'acte constatant cette dernière acquisition. Par contre, à la même époque, ayant sans doute besoin d'argent, il vendait à réméré à Jacques de Courtoux, fils très probablement de l'ancien « maistre d'hostel » de son père, le lieu, domaine et métairie du Plessis, en Saint-Mars-d'Oustillé[3]. Au commencement de 1556, Louis de Chauvigné recevait, au regard de la seigneurie du Horps, l'obéissance féodale du seigneur d'Hauteville pour le fief de Maubré en le Horps[4] ; il ajoutait en cette circonstance à ses qualifications déjà citées par nous, celle de « baron de Septforges », car il venait d'hériter de cette terre par suite de la mort récente de son grand-oncle, Christophe de Chauvigné, l'évêque de Saint-Pol-de-Léon.

A cette époque s'élevaient en France les troubles qui devaient quelques années plus tard donner naissance

1. Archives du château de Lassay, fonds du Boisfroust, acte en parchemin.
2. *Ibidem*.
3. Archives de la Sarthe, G 24.
4. Archives du château de Lassay, fonds du Boisfroust, acte en parchemin.

aux longues et sanglantes guerres de religion ; terribles luttes au cours desquelles la noblesse de France allait se trouver si profondément divisée sous les noms de huguenots et de catholiques, et où, dans toutes nos provinces, on allait se battre de château à château. Est-ce à un des épisodes de ces luttes fratricides que se rapporte un procès en matière criminelle qui pendait en 1556 devant le Parlement de Paris entre Louis de Chauvigné et François de Fontenailles le jeune, seigneur du Mesnil-Barré, et ses complices, à raison de « ports d'armes, homicides, volleries, eschellement de maisons » et autres crimes et délits commis par ceux-ci[1] ? Ce qui semblerait autoriser à le croire, c'est que peu de temps après, en 1562, le même seigneur du Mesnil-Barré sera au nombre des chefs huguenots qui s'empareront par surprise de la ville du Mans. Peut-être aussi est-ce à la suite de cet attentat que Louis de Chauvigné, qui était, nous l'avons vu, assez en faveur auprès de Henri II, aura sollicité et obtenu de ce prince la permission de faire entourer son manoir de ces tours et murailles dont nous voyons encore aujourd'hui les restes imposants ?

En 1560, les frères puinés de Louis de Chauvigné, Roland, Lancelot et Claude, étaient parvenus à leur majorité aussi bien que leur sœur, Catherine, alors mariée depuis quelques années déjà avec François II de Brée, seigneur de Fouilloux. Il était donc tenu de leur donner leur part dans les successions paternelle et maternelle ; ce qu'il fit. Nous ne pensons pas que Roland, qui était alors dans les ordres, se soit vu attribuer dès cette époque la baronnie de Septforges dont, en tous cas, il rendra aveu en 1566. Mais Lancelot avait dû recevoir dès lors la Drouardière en la Baroche ; et Claude, l'Ile-d'Athée en Craonnais. Quant à Catherine, elle fut partagée de la terre du Petit-Bois-de-Maine, à moins qu'elle ne l'eût déjà reçue en dot lors de son mariage avec Fran-

---

1. Arch. nat., X²ᵃ 120, arrêt du 13 novembre.

çois de Brée, seigneur de Fouilloux. De son côté, Louis de Chauvigné se réserva comme aîné, outre les terres de Chauvigné et du Boisfroust, celles de Fontenailles et du Horps.

Le 3 décembre suivant, nous voyons le seigneur du Boisfroust figurer parmi les membres du conseil de famille de Mathieu d'Averton, interdit.

En 1562, par acte de bannie fait et passé au lieu du Boisfroust, « noble seigneur Loys de Chauvigné, seigneur dudit lieu, baron de Septforges et de Fontenailles », acquit de Michel Hannard le droit d'héritage qui appartenait à ce dernier « au lieu de la Chaugonnière et ès environ. » Dans cet acte, l'acquéreur est dit « à présent demeurant en sa maison seigneuriale du Boisfroust [1]. »

Le 18 juillet 1563, Louis de Chauvigné se faisait subroger aux droits de Jean Cosnard, demeurant à Lassay, sur ce que ce dernier avait acquis près du village de la Chaugonnière [2]. Comme on le voit, si le fils de François de Chauvigné qui se dit encore dans cet acte « demeurant à présent en sa maison seigneuriale du Boisfroust », semblait à cette époque, à l'exemple de son frère, n'habiter que d'une façon intermittente sa terre du Bas-Maine, cela ne l'empêchait pas de s'y intéresser assez pour ne négliger aucune occasion d'en augmenter l'importance par d'opportunes acquisitions.

Louis de Chauvigné mourut avant l'année 1564, ne laissant pas d'enfant de son union avec Claude de Bouillé. Il eut pour principal héritier son frère Roland. Toutefois, avant de mourir, il avait assuré en douaire la terre de Septforges à sa veuve.

Le nouveau seigneur du Boisfroust venait d'abandonner la carrière ecclésiastique à laquelle il avait été

1. Archives du château de Lassay, fonds du Boisfroust, acte en parchemin.

2. Archives du château de Lassay, fonds du Boisfroust, acte en parchemin.

d'abord destiné. Dès l'année 1554 (il n'avait alors que vingt-deux ans), il avait été pourvu de l'évêché de Léon, vacant par la résignation de son grand-oncle Christophe de Chauvigné[1]. On l'avait vu également dans les années suivantes en possession de la cure de Loré, en Normandie, près de Septforges[2], ainsi que des prieurés de Fontaine-Géhard, près de Mayenne[3] et de Montaudin, près d'Ernée[4]. Mais, voyant son frère aîné sans enfants, bien que marié depuis près de dix ans, il avait abandonné peu à peu ses bénéfices ecclésiastiques aussi bien que sa cure de Loré et même son évêché de Léon, et libre ainsi de se marier (car il n'avait pas reçu, paraît-il, les ordres sacrés[5]), il épousa au lendemain de la mort de son frère, en 1564, Françoise Laisné, dame de Collière, fille de François Laisné, seigneur de la Motte-de-Drouge, et de Catherine de Fromont[6].

Les Laisné, qui portaient pour armes : « *d'azur au chevron d'or, accompagné de deux étoiles de même en chef et d'une en pointe* », étaient une ancienne famille noble originaire de Bretagne où ils avaient pour principale terre, au moins depuis plusieurs générations, la Motte-de-Drouge, près la Guerche. Ils possédaient aussi, près de Domfront, en Normandie, la terre de Torchamp, que Suzanne de Villette avait apportée en dot en 1513 à Guillaume Laisné, et celle de Collières en Saint-Front, échue en 1550 à ce dernier, de la succession de Robert Roger. C'était du mariage de Guillaume Laisné et de Suzanne de Villette qu'était issu François Laisné, le père de la dame du Boisfroust. Celle-ci avait d'ailleurs pour oncle Bertrand Laisné, seigneur de Torchamp, mari de Jeanne de Monchauveau, et pour cousins Guil-

---

1. Abbé Angot, *Dict. hist. de la Mayenne*, art. Chauvigny.
2. Arch. de la Sarthe, Insinuations ecclésiastiques, 22 juin 1562.
3. *Ibidem*.
4. Acte du 25 novembre 1563 mentionné par l'abbé Angot, *ubi quo supra*, art. Chauvigny.
5. D'après l'abbé Angot.
6. Arch. nat., X ca 50132 : arrêt du 23 janvier 1567.

laume et Josias Laisné, seigneurs de Champeaux et de Torchamp, qui devaient se signaler un jour comme les plus terribles huguenots du Passais normand.

En 1566, Robert de Chauvigné fit hommage au duché d'Alençon, au regard de la vicomté de Domfront, tant en son nom, pour la terre et seigneurie de Septforges, qu'en celui de sa femme, pour la terre de Collières. Dans l'aveu qu'il rendit ensuite pour ces mêmes terres, il se qualifiait « escuier, seigneur du lieu du Boisfroust, Fontenailles, le Horps, et des terres et seigneuries de Septforges et Collières [1]. »

Nous avons dit que Louis de Chauvigné avait laissé en douaire à sa veuve la terre de Septforges ; or, comme Roland en était devenu propriétaire en 1564 comme héritier principal de son fils Louis, il s'ensuivit dès l'année 1566 entre Claude de Bouillé et ses beaux-frères, Roland, Lancelot et Claude de Chauvigné, une série de procédures portées d'abord devant le sénéchal du Maine, puis, par appel, devant le Parlement de Paris ; ce procès fut très long et n'était pas encore terminé en 1592 [2].

Il semblait dit qu'aucun des aînés de la famille de Chauvigné n'atteindrait la vieillesse. Nous avons vu successivement René, Georges, François et Louis de Chauvigné mourir à la fleur de l'âge. Il en fut de même de Roland qui mourut en décembre 1572 à l'âge de quarante ans. Et il ne lui avait pas été donné de continuer la descendance mâle de sa maison, car il ne laissait que deux filles en bas âge, Judith et Élisabeth, dont Claude de Chauvigné, seigneur de l'Ile-d'Athée, leur oncle, eut la tutelle.

Les Chauvigné étaient alors plus en faveur que jamais à la Cour, ainsi qu'en témoigne la lettre suivante, adressée par Charles IX à Claude de Chauvigné, à l'occasion de la mort de son frère [3] :

1. Arch. nat., P. 293 [2].
2. Arch. nat., X [1a] 5013 ; arrêt du 20 mars 1567, et V [5] 1089 : arrêt du 25 juillet 1592.
3. Archives du château de Lassay, fonds du Boisfroust, original en papier.

« Monsieur de Chauvigny, ayant esté adverty du trespas naguière advenu de feu le sire de Chauvigny, vostre frère, et qu'il a délaissé deux pauvres orphelines de père et de mère, j'ay advisé, d'aultant que, par le debvoir du lieu que je tiens, je suis protecteur des pupilles de mon royaulme, de les faire nourrir et instruire de bonnes mœurs, vertu et honnesteté de vie auprès de la Reyne, ma dame et mère, mesme pour la contemplation des bons et recommandables services dudict feu sire de Chauvigny.

« A cette cause, je vous prie que, incontinent et au plus tost que faire se pourra, vous faciez dresser l'équipaige tel que vous verrez estre nécessaire aux susdictes, tant en compaignie honneste, que de ce que vous pourrez cognoistre qu'il leur sera besoing pour les envoyer devers madicte dame et mère, qui a bien délibéré de n'espargner aucune chose pour leur dite nourriture et institution ; affin qu'estans parvenues en aage nubile, elles puissent trouver party de mariage à elles convenable. Et oultre que vous pouvez estre asseuré que icelles filles, vos niepces, ne pourroient estre nourries en meilleur lieu ne plus honorable, vous ferez chose qui me sera très agréable, suppliant le Créateur vous avoir en sa société et digne garde. Escript à Paris, le 28ᵉ jour de décembre 1572.

« Charles. »

Malgré la lettre à la fois si pressante et si flatteuse de Charles IX, Claude de Chauvigné ne semble pas s'être hâté de conduire ses nièces à la Cour, et quand, après une ou deux années de veuvage, Françoise Laîné eut convolé avec noble François Millet, sieur du Creux [1], résolu à s'occuper lui-même de l'éducation de celles-ci, il alla résider avec elles au Boisfroust où on le voit établi dès le mois de novembre 1574 [2].

1. En Beaulandais, au Passais, près de Juvigny-sous-Andaine.
2. Arch. du chât. de Lassay, fonds du Boisfroust : acte original

Roland de Chauvigné, bien qu'il eût renoncé à son évêché pour se marier, était resté, dans ces temps de troubles religieux, fidèle au Roi et à la religion de ses pères, sans quoi Charles IX ne lui aurait pas écrit la lettre que nous venons de reproduire. Mais il n'en était pas de même du tuteur de Judith et d'Isabelle de Chauvigné. Allié par sa belle-sœur aux Lainé de Torchamp qui devaient, comme nous l'avons déjà dit, jouer un rôle si important parmi les huguenots du Passais, est-ce par la fréquentation et l'influence de ces derniers qu'il en était arrivé à se ranger parmi les ennemis des catholiques ? Ce qui est certain, c'est qu'en 1574, quand les frères Le Héricé s'emparèrent par surprise de Domfront, il s'était trouvé à leurs côtés, si nous en croyons Boispitard [1] : « ... Et tost après fus adverty certainement que les sieurs *de Chauvigné Boisfroust*, de la Patrière d'Anjou, de Montmartin de Bretagne, avecques les dits Ambrois Le Héricé, Pissot et plusieurs aultres depuis, comme les sieurs du Touchet et Say, estoient venus au secours des susdits c'est-à-dire des huguenots de Domfront) et avoient envoyé force soldats piller ma dite maison abandonnée, ce qu'ils exécutèrent par plusieurs jours », etc.

Toujours selon Boispitard, Claude de Chauvigné se serait ensuite, avec ses compagnons, porté au devant de Montgommery, récemment débarqué d'Angleterre, et l'aurait aidé à assiéger Valognes. « Au commencement de mars ensuivant, firent descente en terre le comte de Montgommery et le sieur de Lorges ;... pour auxquels donner assistance et faveur à ladite descente et accom-

en papier relatif à une signification faite à Claude de Chauvigné par uu huissier de la Cour de Parlement d'avoir à payer une amende à laquelle il avait été condamné ; cet huissier s'étant d'abord rendu au manoir de Chauvigné en Craonnois, on lui répondit que ledit Claude « ne fait sa résidence en icellui lieu de Chauvigné, ains la faict au Boisfrou » (24 novembre 1574)

1. Voir dans *Domfront, son siège de 1574 et sa capitulation*, par H. Sauvage, le « Journal de Boispitard », pages 109 et 113.

pagner à la campagne et aux villes surprinses, se bou-
gèrent dudit Domfront les susdits sieurs de Touchet,
Say, *Chauvigné*, Montmartin, Patrière, etc., et plusieurs aultres de telle façon, lesquels estant joincts avec
ledit comte et ses aultres forces, firent contenance de
camp et assiégèrent Valognes qu'ils battirent avec quelque canon et y firent plusieurs menaces et escarmou-
ches en vain,... s'en retirèrent avec confusion, y ayant
despencé trois septmaines ou un bon mois qui leur retor-
qua à grande ruine. »

Chauvigné et ses compagnons étaient en tous cas de
retour à Domfront le 7 mai avec Montgommery, et alors
eut lieu le fameux siège de cette place qui finit, on le
sait, par la capitulation et la prise du grand chef huguenot. Mais c'est à tort que H. Sauvage a cité, parmi les
défenseurs du château ayant succombé, Roland de Chauvigné, sieur du Boisfroust. C'est là, est-il besoin de le
faire remarquer ? une double erreur, puisque l'ancien
évêque de Léon était mort dès 1572, et que nous verrons Claude de Chauvigné prolonger sa vie jusqu'à la fin
du XVIᵉ siècle. Toutefois il pourrait très bien s'agir ici
de Lancelot de Chauvigné, frère de Roland et de Claude,
encore vivant en 1567 et mort avant 1581.

En 1584, Claude de Chauvigné, se disant seigneur du
Horps et de la Drouardière, et agissant comme curateur
des enfants mineurs de Roland de Chauvigné, seigneur
du Boisfroust et du Horps, présenta à l'évêque du Mans
maistre François Peldisson, clerc, pour la chapelle de la
Haye, en la paroisse du Horps [1].

En 1585, par acte du 25 avril passé en la cour de
Lassay, il acheta, « au nom de demoiselles Judic et Isabelle de Chauvigné, ses nièces, de François Landemaine
et Guillemine Hervé, demeurants au lieu de la Mestaye-
rie, paroisse de Nyor, une pièce de terre nommée le
champ Bouchart, située près de la Chaugonnière. » Cet

1. Arch. de la Sarthe, G 336.

acte, où Claude de Chauvigné se qualifie « noble et puissant… sieur dudit lieu, de l'Isle-d'Athée et de la Drouardière », et se dit « demourant à présent en la maison seigneuriale du Boisfroust, paroisse de Nyor », fut « faict et passé » en cette même maison seigneuriale en présence de « honorable homme Gérard Maumousseau, sieur de Vaufleury, demeurant à la maison seigneuriale de la Drouardière, paroisse de Sainte-Marie[1] ».

En 1585 également, l'oncle des demoiselles de Chauvigné, plaidant en appel du sénéchal d'Anjou devant le Parlement de Paris contre un certain Jacques du Mesnil, est dit « agissant comme curateur à la personne et biens des enfans mineurs d'ans de feu Roland de Chauvigné, escuyer, principal héritier de défunct messire Loys de Chauvigné, vivant seigneur du Boisfroust[2] ».

Ainsi en ces années-là, comme nous l'apprennent ces divers documents, Claude de Chauvigné était toujours tuteur ou curateur de ses nièces, et il continuait en cette qualité à résider avec elles au manoir dont nous retraçons l'histoire.

Cependant Judith de Chauvigné était arrivée à l'âge nubile. Elle se décida, au commencement de l'année 1587, à choisir pour époux Louis Hurault, seigneur de Villuisant. Celui-ci était fils de Jacques Hurault, chevalier, seigneur de Saint-Denis, et de Marie Hurault de Cheverny, sœur du célèbre chancelier de Cheverny. C'était, comme l'a écrit ce dernier dans ses *Mémoires*, « un très brave gentilhomme », et qui était « mestre de camp d'un des plus beaux régiments qui fust lors en France ». Il était d'ailleurs assez bien en cour, puisqu'il était « gentilhomme ordinaire de la chambre » du roi Henri III. La future habitant le Boisfroust, le contrat avait eu lieu naturellement devant un notaire de la « court du Mans

---

1. Arch. du chât. de Lassay, fonds du Boisfroust, acte original en parchemin.
2. Arch. nat., X^{1a} 1.692, fol. 99,

et de Bourgnouvel », demeurant à Lassay [1], et fut signé
par les parties en la maison seigneuriale qui nous intéresse. Quant au futur, qualifié en cette circonstance
« gentilhomme ordinaire de la chambre du Roy, mestre
de camp d'un régiment entretenu pour le service de S.
M. », il était assisté de « n. h. Nicolas Jobert, sieur de
la Rivière, demeurant à Maillé, près de Tours, procureur spécial de haut et puissant seigneur Mre Philippe
Hurault, chevalier, comte de Cheverny, baron d'Huriel
et de Gallardon, seigneur d'Esclémont, Bréthencourt,
Coursavert et le Tremblay-le-Vicomte, chancelier de
France, et des ordres dudit sieur, gouverneur et lieutenant général pour S. M. ès villes d'Orléans et Chartres,
Blaisois, Amboise, Loudunoys et autres pays adjacens,
oncle paternel dudit seigneur de Villuysant » ; de « R.
P. en Dieu Mre Denis Hurault, évesque d'Orléans, abbé
des abbayes d'Esclémont, la Pelisse et de Boueil, frère
dudit seigneur » ; et encore « dudit Jobert, procureur
spécial de noble Jacques Hurault, chevalier, seigneur de
Saint-Denys-sur-Loyre, lieutenant de cent hommes d'armes des ordonnances de S. M., frère dudit seigneur de
Villuysant » ; et de « noble Charles Le Roulx, sieur de la
Roche des Aubiers et de Flacourt, gentilhomme ordinaire de la chambre du Roy, cousin dudit seigneur », etc.

De son côté, Judith de Chauvigné était assistée de
« haut et puissant seigneur noble Claude de Chauvigné,
sieur dudit lieu, oncle paternel et curateur cy devant
ordonné par justice de ladite de Chauvigné », et « d'icelluy autorisée » ; de Françoise Lainé, « à présent femme
de noble Françoys Millet, sieur du Creux, cy devant
femme dudit Roland de Chauvigné, et mère de ladite
Judith » ; de « demoyselle Isabel de Chauvigné, sœur de
ladite Judith » ; de « demoyselle Catherine de Chauvi-

<hr>

1. Le nom du notaire n'est pas indiqué dans l'acte, mais il est
évident qu'il s'agissait de Pierre Thoumin, notaire à Lassay, que
nous verrons, quelques semaines après, s'occuper des affaires du
nouveau seigneur du Boisfroust.

gné, veusve de défunct noble Charles de la Blanchardays, vivant sieur dudit lieu », et de « noble seigneur André de Froullay, sieur dudit lieu et de Monflaux, cousin de ladite Judith [1] ».

Une des principales conventions matrimoniales était que le seigneur de Villuysant donnait irrévocablement par le contrat à sa future épouse « la terre et seigneurie de Villuysant, ses appartenances et dépendances, assise en la paroisse de Salonnes, bailliage et ressort de Vendosme, et néantmoins située en pays Blaisois, tout ainsy qu'elle avait été baillée et délaissée en partaige audit sieur de Villuysant des successions de ses père et mère » par ses frères, et qu'il « en jouissait de présent ». Il était en outre convenu que, le roi Henri III ayant dès le mois de juin précédent fait don audit sieur de Villuysant, en faveur de son mariage, d'une somme de 12.000 écus, cette somme serait employée tout entière « en acquêts d'une ou plusieurs terres ou rentes constituées » qui demeureraient communs entre les deux époux. Une troisième clause portait que, dans le cas où Judith de Chauvigné mourrait la première sans enfants, son mari pourrait « répéter les acoustremens, bagues et joyaux qu'il aura donnés à ladite de Chauvigné en faveur du mariage, et tout ce qu'il aura apporté en ladite maison du Boisfroust et en disposer [2] ».

Devenu ainsi seigneur du Boisfroust à cause de sa femme, Louis Hurault ne tarda pas, avant de quitter le pays avec celle-ci, à s'acquitter des obéissances féodales dues aux différents seigneurs dont relevait cette terre ainsi que ses dépendances. Dès le 13 avril 1587, nous le voyons, accompagné de Pierre Thoumin, notaire à Lassay et y demeurant, se transporter « jusques au lieu

---

1. André de Froullay était en effet l'arrière-petit-fils de Catherine de Chauvigné, femme en premières noces de Guillaume de Froullay, son arrière-grand-père.
2. Arch. du chât. de Lassay, fonds du Boisfroust, acte original en papier.

du Boisthibault » et y faire offre de foy et hommage pour les deux terres de Commerçon, en Melleray, et de la Baroche. De même, le lendemain 14 avril, il comparaît devant François Le Goué, licencié en droit, bailli de Lassay, et il fait à celui-ci, qui représentait Jean de la Fin, seigneur de Beauvoir-la-Nocle, le propriétaire de la châtellenie, quatre foys et hommages pour le Boisfroust, le Horps, Glandsemé et la sergenterie de Guéhaigné [1]. Remarquons que dans les actes constatant ces diverses obéissances féodales, le mari de Judith de Chauvigné prenait, en plus des qualifications que nous lui avons déjà vu prendre dans son contrat de mariage, celle de « chevalier de l'ordre du Roy ». Ainsi, à cette date du 13 avril 1587, le nouveau seigneur du Boisfroust venait de recevoir de Henri III le collier de l'ordre de Saint-Michel, ce qui prouve à quel point il était en faveur auprès du roi. Et ce n'est pas tout : quinze jours après, une commission royale du 29 avril le nommait gouverneur du château de Lassay ; mais comme il ne pouvait y fixer sa résidence, il commit aussitôt, pour en assurer la garde, « noble Marin Le Moine, sieur de Beauvais ». Un des premiers actes de celui-ci fut de signifier sa commission par l'intermédiaire de Jean Challière, sergent royal, à « Me Jean Le Goué, sieur de la Guiberdière, qui était alors fermier et commissaire de la terre et seigneurie de Lassay, avec commandement audit Le Goué de délivrer entre les mains dudit de Beauvais, tant pour luy que pour les soldats par luy commis audit chasteau, la somme de 30 écus... à déduire sur les deniers provenant de ladite terre et seigneurie [2] ».

Dans le cours de cette même année 1587, au mois de juillet, la sœur cadette de la dame du Boisfroust, Isabelle de Chauvigné, se maria à son tour. Elle épousa,

---

1. Arch. du chât. de Lassay, fonds du Boisfroust, actes originaux en papier.

2. Arch. du chât. de Lassay, « Inventaire », fait au xviiie siècle, « des titres de la féodalité de la ville de Lassay », t. I, fol. 1 vo.

par contrat sous seing privé du 27 de ce mois-là, Arnault de Beauville, seigneur de l'Estelle en Gascogne, « maistre de camp d'un régiment de dix compaignies françaises à pied [1] ». Puis, au mois de février de l'année suivante, les deux sœurs, qui n'avaient pas encore atteint l'âge de leur majorité, firent entr'elles des partages provisionnels de la succession de leur père.

Voici, d'après un état conservé dans les papiers du Boisfroust, et annexé à l'acte relatif à ces partages, quelles étaient les terres composant cette succession :

« Les terres et seigneuries du Boisfroust ;

« Le Boisfroust est tenu de Lassay à foy et hommage lige, composé de fiefs tant hommes et subjects, debvoirs, rentes et aultres droits ;

« Deux moulins ;

« Dix mestairies ou domaines, la Basse-Court, Belle-Eclère, la Haulte-Court, la Fosse, la Chaugonnière, Champmezières, Courtmerzon, domaine, fief et seigneurie tenuz à foy et hommage simple du sieur de Boisthibault ;

« Le Horps, composé de belle seigneurie et grans fiefs, tenu à foy et hommage lige de Lassay, deux moulins, l'un à bledz, et l'aultre à fouller draps ;

« Trois mestairies : le Horps, Launay, le Petit-Fresne ;

« La Vayrie, domaine et seigneurie tenus du seigneur du Perray, à foy et hommage simple, composé d'un grand domaine, moulin à grains, boys de haulte fustaye et estangs ;

« Gahigné, domaines, fiefs et seigneurie, tenus à deux foys et deux hommages simples de la seigneurie d'Hauteville, appartenant au seigneur de Rambouillet, composés de deux moulins et deux domaines, prez, fiefs et seigneurie, le moulin de Gahégné, le moulin Neuf, la mestairie de Valore, la mestairie....

---

1. Voir Bibl. nat., Cabinet des titres, vol. 275, n° 50, les preuves généalogiques de la maison de Beauville de Fontenailles.

« La Drouardière est composée de beau manoir et logis, estang, moulin, deux mestairies, fief et seigneurie, hommes et subjectz, et est tenue à foy et hommage du Horps ;

« La Baroche, composée de belle seigneurie, fiefs et hommes, subjectz, moulin, estang, boys de haulte fustaye, et d'un beau domaine et belle prairie, et est tenue à foy et hommage simple partye du Boys-Thibault et partie d'Hauteville ;

« Le Boys-Thubœuf, domaine et fief tenu à foy et hommage simple du seigneur de Tessé, appartenant à Monsieur de Belin ;

« Glandsemée, fief et seigneurie, tenu à foy et hommage lige de Lassay ;

« La sergenterie de Gahigné, tenue à foy et hommage lige dudit Lassay ;

« Le tout cy dessus est soubz le ressort de Lassay ;

« La baronnie de Septforges, située en Normandie, tenue du roy soubs le duché d'Alençon en la vicomté de Dompfront, composée de belle maison seigneuriale au lieu de Cheviers ; seigneurie, fief de haubert, hommes, subjectz, grandes rentes et debvoirs, moulins sur rivière, mestairies et domaines, et droict de patronnage du bénéfice et cure de la paroisse de Septforges ;

« Fontenailles est en la paroisse d'Ecommoys, à quatre lieues du Mans, tenu du roy en franc aleu, et s'appelle le sire de Fontenailles, composée de beau logis, clos de vignes, mestairies et domaines, fiefs et seigneuries [1]. »

Telle était à la fin du xvie siècle cette terre du Boisfroust avec ses dépendances en Normandie et au Haut-Maine que Judith et Isabelle de Chauvigné avaient à se partager, l'une pour les deux tiers comme aînée, et l'autre pour un tiers, sa part de cadette.

A Judith furent attribuées « les terres et seigneuries

---

1. Acte original en papier.

du Boisfroust, de la Drouardière, Guéhaigné et le Horps, leurs appartenances et dépendances, et tout ce qui est aux environs d'icelles » ; à la seconde, « la terre et seigneurie de Fontenailles, ses appartenances et dépendances ». C'étaient d'ailleurs, nous l'avons dit, des partages provisionnels, pour attendre la majorité des deux sœurs. Aussi était-il interdit, jusqu'aux partages définitifs, aux sieurs de Villuisant et de l'Estelle, ainsi qu'à leurs femmes, de « coupper ou faire coupper, vendre ny aliéner aulcuns des boys de haulte fustaye » qui se trouvaient sur leurs terres respectives. De même l'un et l'autre ménage devaient contribuer, chacun en proportion de sa part, « aux debtes et charges que pouvoient debvoir lesdites terres et seigneuries », sans en excepter « le douaire et assignat de Mademoiselle de la Drouardière », et « ce que prétendoient Monsieur de Chauvigny et Mademoiselle de la Blanchardays, oncle et tante des dites dames, sur la terre de la Drouardière », et y compris « tous les frais des procès jà intentez et qui cy après seront meuz ». Ajoutons que l'acte constatant ces partages avait été « passé à Paris, le 10 février 1588, à l'hostel de Cheverny, sis à Paris, rue de l'Arbaleste, paroisse Saint-Germain-l'Auxerrois, en présence de haut et puissant seigneur Messire Philippes Hurault, chevalier, comte de Cheverny..., chancelier de France et des ordres du Roy, gouverneur et lieutenant général pour S. M. ès villes d'Orléans », etc. ; de « Messire Guy de Laval, marquis de Nesle, comte de Joigny et de Maillé, cappitaine de cinquante hommes d'armes des ordonnances du Roy ; et de Messire Charles Le Roulx, chevalier, seigneur de la Roche des Aubiers, cappitaine de cinquante hommes d'armes de ses ordonnances [1]. »

On a vu plus haut que le sieur de Villuisant avait été nommé au printemps de l'année précédente, par Henri III, gouverneur du château de Lassay.

---

1. Acte original en parchemin.

Cette charge avait pu lui sembler d'abord purement honorifique, mais le moment approchait où elle allait devenir effective et même très lourde. On sait en effet comment, dans les premiers mois de cette même année 1588, le fils de Catherine de Médicis, après avoir rompu avec les chefs de la Ligue, s'était jeté dans les bras du huguenot Henri de Navarre. Cette évolution du roi de France n'avait pas tardé à avoir pour lui des conséquences aussi graves que prévues. Obligé d'abandonner Paris à l'émeute triomphante (12 mai, journée des barricades), il avait dû se retirer à Chartres, et tous ceux qui, comme le seigneur du Boisfroust, représentaient une parcelle de l'autorité royale, se demandaient avec inquiétude si les différentes provinces du royaume, subissant l'influence des meneurs de la Ligue, n'allaient pas suivre sans tarder l'exemple donné par la capitale. Il n'en fut rien tout d'abord ; et pourtant les événements se précipitaient ; dans les derniers jours de 1588, le chef même de la Ligue, Henri de Guise, ayant été tué à Blois par l'ordre de Henri III, les ligueurs exaspérés prirent sans tarder les armes, et presque toutes les villes du royaume, dans notre province comme ailleurs, se déclarèrent pour l'Union. Au Bas-Maine il n'y eut bientôt plus que Sainte-Suzanne et Lassay qui fussent restées fidèles à l'autorité du roi de France. Or, Louis Hurault était au nombre de ces gentilshommes qui, bien que sincèrement attachés à la foi de leurs ancêtres, n'en plaçaient pas moins au-dessus de tout l'obéissance au roi légitime ; et d'ailleurs, s'il était catholique et continuait à aller à la messe, comme on le verra plus loin, il ne faut pas oublier que, après tout, l'oncle de sa femme, Claude de Chauvigné, avait combattu en 1574 dans les rangs des huguenots. Enfin la reconnaissance qu'il devait à Henri III pour les bienfaits qu'il en avait reçus n'aurait-elle pas suffi à elle seule pour l'empêcher d'abandonner le parti de ce prince ? Mais c'était précisément ce loyalisme qui allait lui être fatal.

Parmi les principaux chefs de la Ligue, ou Sainte-Union, dans le Bas-Maine, se trouvait alors Charles du Bellay, seigneur de la Feuillée en Alexain, à qui appartenait le Boisthibault près de Lassay [1]. Poussé par le duc de Mayenne, qui lui avait donné, paraît-il, la mission de s'emparer de vive force de la seule place qui, dans le Bas-Maine septentrional, n'eût pas reconnu le pouvoir de la Ligue [2], il réunit à cet effet dans son manoir fortifié du Boisthibault, aussi secrètement que possible, une troupe résolue dans laquelle figuraient un gentilhomme, Jean d'Anthenaise, sieur de la Bigne, un bourgeois de Lassay, Jacques Dupont, sieur de Fréderie, et quelques personnages subalternes, tels que Mathurin Rimbault, Jean Lamy, Jean Le Gascon, Jean Lambert, et les nommés Louvellière, la Rivière et Bois-Rebatu [3], et il attendit, pour accomplir son audacieux projet, une occasion favorable. Or, cette occasion, il ne tarda pas à la trouver. Ayant appris que le gouverneur de Lassay avait l'habitude d'aller chaque dimanche entendre la messe dans l'antique chapelle de Notre-Dame du Rocher [4], située en ville, mais tout près de la forteresse, il résolut de profiter de cette circonstance pour s'emparer par surprise de la personne du représentant de l'autorité royale, et au besoin le mettre à mort. La date du guet-apens fut fixée par lui au 15 juin, qui était le plus prochain dimanche, et, pendant la nuit qui précéda le jour fatal, le seigneur du Boisthibault, accompagné de la petite troupe dont nous avons nommé tout à l'heure les

1. Voir pour plus de détails sur ce personnage notre étude sur *Le Boisthibault* (*Bulletin de la Comm. historique et archéol. de la Mayenne*, t. XX):

2. Voir Arch. nat., V⁵ 209 : Arrêt du Grand Conseil rendu le 18 juillet 1601, entre Judith de Chauvigné et Jean d'Anthenaise.

3. Nous verrons plus tard ces divers individus poursuivis tour à tour devant le Parlement ou le Grand Conseil par Judith de Chauvigné, pour la participation au meurtre de son mari.

4. La chapelle Notre-Dame du Rocher, désaffectée comme église paroissiale depuis plus de cinquante ans, sert actuellement de halle aux blés.

principaux personnages, alla se cacher dans la maison du Ronchault [1], maison dont nous ignorons l'emplacement exact, mais qui était évidemment située dans les environs de la chapelle en question.

Ce jour-là en effet, le sieur de Villuisant vint, selon son habitude, avec quelques amis, plusieurs de ses serviteurs et une faible partie de la garnison, assister à l'office paroissial. Déjà on était au moment de l'élévation, toute l'assistance était absorbée par la prière, et le gouverneur lui-même s'était mis à genoux, quand Charles du Bellay et sa troupe firent tout à coup irruption dans le sanctuaire. Presqu'aussitôt Jean d'Anthenaise, qui en avait certainement reçu l'ordre du sieur de la Feuillée, se détacha des siens, se jeta sur le sieur de Villuisant, et comme celui-ci faisait mine de se défendre, malgré la soudaineté de cette traîtresse attaque, il lui porta un coup mortel. C'est alors que le mari de Judith de Chauvigné tomba pour ne plus se relever, et avec lui succombèrent également, sans avoir pu se défendre, M. de Forges [2] et trois soldats.

Telle fut à Lassay la fin tragique de l'infortuné Louis Hurault de Villuisant, lamentable événement que l'oncle de la victime, le chancelier de Cheverny, n'a pas manqué de relater ainsi dans ses *Mémoires* [3] : « Quelques mois avant le déceds du feu Roy, le sieur de Villuysant, Louis Hurault, mon nepveu..., estant en garnison pour le service du Roy au chasteau de Lassé, dans le pays du

---

1. Voir aux Arch. nat., X ^{1b} 4.557 : Plaidoirie en Parlement du 22 février 1596, relatant le jugement du grand prévôt (4 mai 1590) où il est dit que « la maison du Ronchault, en laquelle avait été projeté ce cruel assassinat, serait rasée », etc.

2. Nous ignorons qui était en réalité ce personnage ; d'un autre côté, dans les considérants d'un arrêt rendu au Grand Conseil le 23 octobre 1598 entre Judith de Chauvigné et Jacques Dupont, on voit figurer une du Bailleul, veuve de François Juillet, sieur de la Lande, assassiné en même temps que Louis Hurault.

3. Voir, dans la *Correspondance* imprimée de Henri IV, à la date du 8 septembre 1602, la lettre de ce prince à Villeroy relative à ce même événement.

Maine, fut malheureusement assassiné dans l'église du dit lieu par l'advertissement que le mesme prestre qui disoit la messe devant luy donna à ceulx qui avoient dessein sur ceste place... [1]. »

Louis Hurault laissait de sa courte union avec Judith de Chauvigné deux filles en bas âge, Judith et Louise, que nous retrouverons plus tard.

Toutefois, si, dans cette tragique matinée du 15 juin 1589, le château de Lassay avait ainsi perdu son gouverneur, assassiné par Jean d'Anthenaise sur l'ordre de Charles du Bellay, il ne tomba pas pour cela aux mains des ligueurs ; il était à la fois trop fort et trop bien gardé. Les auteurs de cet infâme guet-apens n'eurent donc plus, leur coup n'ayant qu'à moitié réussi, qu'à s'éloigner au plus vite. Du reste, informé de ce qui s'était passé à Lassay au moment où il partait de Tours pour se rendre devant Paris, Henri III donna aussitôt « le commandement du chasteau et ville de Lassay » à l'oncle de la veuve du défunt, à Claude de Chauvigné, qui vint habiter le château confié à sa garde à la tête d'une garnison composée de douze hommes de guerre, montés et armés à la légère, trente arquebusiers à cheval et vingt arquebusiers à pied [2].

Mais, tandis que l'oncle de Judith de Chauvigné remplaçait le sieur de Villuisant comme gouverneur de Lassay, celle-ci, désirant « rendre à la postérité tesmoignage certain et assuré de son affection conjugale,

---

1. Il ne faudrait pas prendre au pied de la lettre ce passage des *Mémoires* du chancelier de Cheverny. Ainsi ce n'était pas quelques mois, mais quelques semaines avant la mort tragique de Henri III à Saint-Cloud (1er août 1589) qu'avait eu lieu à Lassay (15 juin) l'assassinat de Hurault de Villuisant : de même, il est à remarquer qu'au cours du long procès soutenu par Judith de Chauvigné contre les meurtriers de son mari, il ne sera pas fait la moindre allusion au rôle odieux prêté par le chancelier de Cheverny au prêtre de Lassay.

2. Arch. du chât. de Lassay, Mémoire envoyé en 1593 « au conseil du Roy » par Claude de Chauvigné (original en papier), et état de paiement pour la garnison du 26 juin 1589 (original en papier).

employa aussitôt son crédit et ses amis pour en faire vengeance [1]. » Dès le surlendemain du crime, le lieutenant criminel au Mans, rapidement avisé par elle, rendait « un décret de prinse de corps à l'encontre dudit d'Anthenaise [2] », et le 18 septembre une ordonnance du duc de Mayenne enjoignait au sieur de Lévaré, gouverneur de Mayenne, de « représenter les nommés Mathurin Raimbaut, Jean Lamy et Jean Le Gascon, prétendus complices dudit assassinat, par devant les plus prochains juges de l'Union pour leur estre faict et parfaict leur procès [3]. »

Déjà même une information avait été ouverte le 11 décembre sur le fait de Charles du Bellay et de ses complices [4], quand, le 21 du même mois, profitant sans doute de la présence de Henri IV à Mayenne, Judith de Chauvigné présenta à ce prince une requête « tendant à obtenir justice contre les coupables », et le même jour, le roi faisant droit à cette requête, expédiait des lettres patentes, en forme de commission, par lesquelles, « sur le rapport à luy faict » de la requête en question « par l'ung des maistres des requestes de son hostel », il avait « commis et député le sieur de Richelieu, grand prévost de France et de son hostel, et à luy renvoyé ladite requeste, ensemble les partyes, charges et informations ». Il était en outre « commandé et ordonné » à celui-ci de « reprendre les informations qui avoient desjà aité faictes », d'informer de nouveau du meurtre et assassinat commis « ès personnes desdits défuncts sieurs de Villeluysant et de la Lande contre le sieur de la Feuillée et ses alliés et complices », de « faire et parfaire et faire juger son procès, nonobstant oppositions et appellations quelconques » ; enfin au grand prévôt étaient attribuées

---

1. Arch. nat., X [1b] 4.557 : Plaidoirie déjà citée.

2. Arch. nat., V [5] 212 : Arrêt rendu au Grand Conseil le 7 janvier 1602 entre Judith de Chauvigné et Jean d'Anthenaise.

3. *Ibidem.*

4. Arch. nat. V [5] 212 : Arrêt rendu au Grand Conseil le 7 janvier 1602 entre Judith de Chauvigné et Jean d'Anthenaise.

« toute court et juridiction et cognoissance dudit faict, ses circonstances et dépendances [1] », etc.

Du reste, si Judith de Chauvigné n'avait pas, hélas ! son mari pour lui assurer la faveur royale, elle avait dans son beau-frère, Arnault de Beauville, un protecteur au moins aussi influent pour plaider sa cause auprès de Henri de Navarre devenu roi de France. Originaire de Gascogne où la terre de l'Estelle est située, ce dernier faisait partie du groupe de gentilshommes vaillants et aventureux qui depuis longtemps s'étaient attachés à la fortune du Béarnais et que celui-ci devait récompenser généreusement de leur dévouement tant de fois éprouvé. Nous avons dit qu'en 1588 il était « mestre de camp d'un régiment de dix compagnies françaises à pied » ; tout récemment, lors de son passage à Mayenne, Henri IV lui avait confié le gouvernement de cette ville et de son château [2]. Protégée ainsi et par son oncle à Lassay et par son beau-frère à Mayenne, la dame du Boisfroust était dans une excellente situation pour continuer ses poursuites en justice contre les meurtriers de son mari.

Il est vrai que, dans les premiers jours d'avril 1590, Arnault de Beauville faillit voir Mayenne tomber aux mains des partisans de la Ligue. On sait comment, en ces jours-là, profitant d'une de ses absences nécessitée par l'expédition de Sablé, Guy de Saint-Gelais, seigneur de Lansac, fondit tout à coup, avec un petit corps d'armée composé de quatre régiments, dont l'un était commandé par le sieur de la Feuillée, sur la ville de Mayenne dont il s'était déjà emparé et assiégeait le château. Il ne fallut rien moins pour sauver cette forteresse que le prompt retour du mari d'Isabelle de Chauvigné, à qui

1. Arch. nat., V⁶ 4 : Arrêt du Conseil privé du roi du 23 octobre 1598.

2. Voir notre étude sur *Le château, la ville et le pays de Mayenne pendant les guerres de religion*, dans le *Bulletin de la Comm. hist. et arch. de la Mayenne*, t. V [1892].

n'avaient pas tardé à se joindre les gouverneurs de Laval, d'Alençon et de Domfront[1].

Pendant ce temps-là, le grand prévôt s'occupait activement de faire avancer le procès qui lui avait été confié, et, le 4 mai, il rendait sa sentence aux termes de laquelle Charles du Bellay était condamné à avoir la tête tranchée, le sieur de la Bigne à être mis sur une roue et à avoir les membres brisés et rompus, sans préjudice d'une somme de 20.000 écus que le sieur de la Feuillée devait payer à la veuve de sa victime[2]. C'est alors que celui-ci, pour échapper plus sûrement à la juste vengeance qui le menaçait, prit le parti de se retirer en Bretagne auprès de Mercœur[3]. Mais, avant de quitter le pays, il n'en avait pas moins mis en état de défense tous les châteaux qu'il possédait au Bas-Maine[4], y compris celui du Boisthibault contre lequel, dans le courant d'octobre, le seigneur de l'Estelle se vit obligé de diriger une expédition qui, après un véritable siège, tourna du reste à sa confusion[5].

On s'étonnera peut-être que, tout en poursuivant avec autant de ténacité les meurtriers de son premier mari, la veuve de Louis Hurault ait songé à se remarier. Elle convola en effet, à la fin de 1590, avec un jeune capitaine huguenot, Jean de Madaillan, seigneur de Montataire. Leur contrat de mariage fut passé le 3 novembre devant Louis Chesneau, « notaire en la court royale du Mans, demeurant à Lassay ». La future y est qualifiée dame du Boisfroust et de la Drouardière, et dite demeurant au château de Lassay, où en ce temps de troubles, elle avait trouvé un asile sûr auprès de son oncle. Quant au futur, ce même contrat le qualifie « chevalier,

---

1. Id., *ibidem*.

2. Voir Arch. nat., X²b 184 : Arrêt du 20 juin 1598 entre Judith de Chauvigné et Jacques Dupont.

3. Voir plaidoirie en Parlement du 22 février 1596, déjà citée.

4. Voir nos études sur *Le Boisthibault* déjà citée, et sur *Le Couldray en Saint-Denis-du-Maine*.

5. Voir notre étude sur *Le Boisthibault*.

seigneur de Montataire, capitaine de 100 hommes d'armes soubs la charge de Mgr le prince de Condé, et gouverneur pour le Roy en la ville de Thouars en pays de Touraine », et il est dit « demeurant ordinairement au chasteau de Montataire, bailliage de Senlis ». Il était « fils aisné de feu Mre Louis de Madaillan, chevalier, colonel des compagnies françaises du Languedoc, et de Marguerite de Fay, sa veuve [1]. » Le sieur de Montataire s'était trouvé avec sa compagnie, au printemps précédent, à la bataille de Mayenne, et il y avait joué, du côté des royalistes, un rôle très important [2] ; c'est évidemment dans les jours qui avaient suivi cette bataille qu'il avait pu faire la connaissance de celle qu'il devait épouser quelques mois plus tard.

Les Madaillan, dont était issu le nouveau seigneur du Boisfroust, étaient une très ancienne famille originaire de l'Agénois, dans la province de Guyenne. Cette famille, déjà mentionnée au xie siècle dans les chartes du temps, s'était divisée au xive siècle en deux branches, celle des seigneurs de Lesparre, restés dans le Bordelais, et celle des seigneurs d'Estissac. La branche aînée s'était encore subdivisée au siècle suivant en deux rameaux, dont celui des seigneurs de Montataire, dits aussi de Lesparre [3]. C'est à ce dernier rameau qu'appartenait donc le mari de Judith de Chauvigné. Quant au manoir de Montataire, résidence de ses ancêtres depuis plus d'un siècle, il est situé tout près de Creil, qu'il domine. Ces seigneurs de Montataire étaient tous, faut-il s'en étonner ? de rudes batailleurs. Arnaulton de Madaillan, l'acquéreur de cette terre, avait été gouverneur de Creil ; Guichard, son fils, fût « homme de guerre occupé au service, commandant de 500 hommes d'armes ». Guillaume, l'aïeul de notre Jean, fut porte-

<hr>

1. Baron de Condé, *Histoire d'un vieux château.*
2. Voir *Le Siège de Mayenne en 1590*, par E. Leblanc.
3. Voir pour plus de détails *L'Histoire de la maison de Madaillan*, par M. Campagne.

enseigne d'une compagnie de cinquante lances, puis lieutenant aux mousquetaires de M. de Jametz. Il avait épousé Charlotte de la Roque, dame de Roberval, sœur de ce Jean-François de la Roque que François Ier avait nommé son lieutenant général au Canada. De Guillaume de Madaillan était issu Louis, le père de Jean, marié en 1557 avec Marguerite de Fay qui lui avait apporté plusieurs domaines considérables. Lui-même éleva très haut la splendeur de sa maison. Il se qualifiait : « chevalier de l'ordre du Roy, gentilhomme ordinaire de sa chambre, gouverneur de Pont-Saint-Esprit et des Cévennes, colonel et maître de camp des compagnies françaises entretenues par S. M. en Languedoc, pair de Languedoc, seigneur de Montataire et Roberval, châtelain de Pont-Saint-Maxence », etc. En 1576, il servait sous le maréchal de Damville quand il fut tué au siège de Pouzolles [1].

Telle était la famille à laquelle appartenait Jean de Madaillan, le second mari de Judith de Chauvigné. Comme seigneur du Boisfroust, nous le voyons le 29 mars 1591 faire offre de foi et hommage simple au seigneur d'Hauteville pour les terres de Guéhaigné et de la Baroche en partie [2]. Nous avons d'ailleurs tout lieu de croire qu'aussitôt après son mariage il avait emmené sa femme loin du Boisfroust, soit à Montataire sa résidence la plus ordinaire, soit à Thouars dont il était gouverneur. Toutefois, après la bataille de Craon (mai 1592), il vint avec sa compagnie d'hommes d'armes fortifier la garnison de Lassay, très réduite dès la fin de décembre 1589. Cette victoire des ligueurs, suivie de la prise par eux des villes de Laval et de Mayenne, avait grandement relevé l'état de leurs affaires dans le Bas-Maine, et mis Claude de Chauvigné, toujours commandant du château de Lassay, dans une situation des plus critiques.

1. *Histoire de la maison de Madaillan* déjà citée.
2. Arch. du chât. de Lassay, fonds du Boisfroust ; acte original en papier.

Aussi, parmi les messagers envoyés en ces jours-là « par le commandement du sieur de Moulins, commandant pour le Roy au Mans », à plusieurs seigneurs importants du Maine, le gouverneur de Lassay n'avait pas été oublié. Nous savons que deux de ces messagers furent expédiés coup sur coup « vers le sieur du Boisfrou, estant alors au chasteau de Lassay, pour l'assurer de secours en cas que les ennemys voulussent entreprendre quelque chose sur ladite place, et que Messieurs le mareschal d'Aumont et de Lavardin s'estoient acheminés pour venir par delà et donner ordre aux affaires de ce pays [1]. » De son côté, Claude de Chauvigné, désespérant de pouvoir garder la place qui lui était confiée avec sa trop faible garnison, avait « appelé à luy le seigneur de Montataire et l'avait prié avecq aultres gentilshommes et soldats du païs entrer dans le chasteau pour le conserver et empescher le desseing des ennemys, ce qu'ils firent [2]. »

C'est ainsi que le seigneur de Montataire et du Boisfroust contribua vers le milieu de 1592 à protéger le château et la châtellenie de Lassay contre les ligueurs, maîtres de presque tout le Bas-Maine, en attendant l'arrivée du prince de Conti et du maréchal d'Aumont qui ne tardèrent pas du reste à remettre Mayenne sous l'autorité de Henri IV. Parti de Lassay, Jean de Madaillan alla prendre part avec sa compagnie d'hommes d'armes au siège de la capitale du Bas-Maine septentrional, et il reçut du roi, après la réduction de cette ville, une lettre de félicitations des plus flatteuses où « il lui marque le contentement qu'il a reçu d'apprendre de ses cousins, le prince de Conti et le maréchal d'Aumont, le devoir qu'il a fait près d'eux pendant le siège de Mayenne [3]. »

Cependant, malgré la sentence prononcée depuis plus

---

1. Arch. de la Sarthe, fonds municipal, liasse 132, 3e compte de Me Gervais Massé, *passim.*
2. Arch. du chât. de Lassay : Mémoire envoyé au conseil du roi.
3. Baron de Condé, *Histoire d'un vieux château,* p. 303.

de deux ans déjà par le grand prévôt, il s'en fallait que
Judith de Chauvigné eût obtenu satisfaction contre les
meurtriers de son premier mari. Et en effet, comment la
peine capitale à laquelle Charles du Bellay avait été
condamné aurait-elle pu l'atteindre ? Retiré en Bretagne
auprès du duc de Mercœur, celui-ci y était en sûreté et
se riait des menaces de la justice royale. Restaient, il est
vrai, ses châteaux et ses terres sur lesquelles la dame
de Montataire pouvait du moins se faire payer des
20.000 livres auxquelles elle avait droit en vertu de la
sentence du grand prévôt. Mais là encore les choses
n'allaient pas toutes seules. Le sieur de la Feuillée
étant, du fait de sa condamnation, regardé comme mort
civilement, c'est contre ses héritiers qu'il fallait agir.
Or ces héritiers étaient d'abord Guyonne d'Orenge,
dame de la Feuillée, sa mère, puis Radegonde des Rotours, sa femme, Pierre du Bellay, sieur de la Courbe,
René du Bellay, sieur de la Palu, et Jacques du Bellay,
sieur des Buards, ses frères, enfin Marquise et Renée
du Bellay, ses sœurs. Judith de Chauvigné leur avait
donc fait signifier à tous la sentence en question et les
avait assignés en conséquence par devant le lieutenant
criminel au Mans pour « veoir déclarer le jugement exécutoire contre eux héritiers présomptifs comme il serait
à l'encontre du sieur de la Feuillée. » Puis, ce magistrat
ayant par son jugement déclaré la sentence exécutoire,
les héritiers avaient reçu commandement de payer. Mais
ceux-ci n'en firent rien. Alors la dame de Montataire se
décida à procéder par saisie réelle sur la terre et seigneurie du Boisthibault (mai 1593). Des commissaires y
furent établis et les criées « faictes et parfaictes. » Bref
toutes les formalités requises en pareil cas ayant été
accomplies, les criées furent jugées duement et valable-
ment certifiées, et il fut ordonné qu'il serait procédé à
l'adjudication par décret au quarantième jour. Enfin
Judith de Chauvigné mit la terre saisie à l'enchère pour
la somme de 14.000 écus, enchère qui fut aussitôt signi-

fiée aux parties et « publiée au désir de l'ordonnance. »

Voyant alors qu'il n'y avait plus moyen de traîner les choses en longueur, ni d'empêcher l'adjudication par décret, les héritiers de Charles du Bellay eurent recours aux oppositions. Guyonne d'Orenge réclamait son douaire, Radegonde des Rotours son douaire et les conventions matrimoniales, Pierre du Bellay et ses frères leurs partages qui, selon eux, ne leur avaient pas encore été délivrés. Est-il besoin d'ajouter que le juge du Maine les débouta tous de leurs oppositions (27 juin 1593), et que, « ne s'étant trouvé aucun plus hault enchérisseur », l'adjudication avait fini par être prononcée au profit de la dame de Montataire ?

Et pourtant les héritiers de Charles du Bellay ne se tenaient pas encore pour battus et contestaient la validité de l'adjudication. Ils avaient appelé du juge du Maine à la cour du Parlement de Paris devant laquelle nous voyons les parties plaider en février 1596 [1]. Il serait trop long de reproduire ici les différentes raisons sur lesquelles ils s'appuyaient pour justifier cet appel. Qu'il nous suffise de dire que, le 14 août suivant, le Parlement rendit un arrêt aux termes duquel, sans avoir égard à l'opposition à fin de distraire, sauf auxdits du Bellay à se pourvoir, il était ordonné qu'il serait procédé à une singulière et surabondante criée de la terre du Boisthibault, ses appartenances et dépendances ; qu'à cette fin seraient « mises affiches ès lieux dénommés par l'espace de quinze jours » et qu'il serait procédé à l'adjudication des lieux saisis dans quinzaine, « pendant laquelle quinzaine toutes personnes seroient reçues à mettre enchères [2] », etc.

Toutefois, la situation du sieur de la Feuillée n'allait

1. Arch. nat., X¹ᵇ 4.557. C'est dans cette plaidoirie de l'avocat Galland pour Judith de Chauvigné que se trouvent rappelés tous les incidents de procédure que nous venons de rapporter.

2. Arch. nat., X¹ᵃ 9.042, fol. 158 : Arrêt reproduit à la suite des criées de la terre et seigneurie du Boisthibault.

pas tarder à devenir meilleure. Le meurtrier de Louis Hurault de Villuisant fut en effet compris en février 1598 dans la capitulation accordée au fameux du Plessis de Cosme son cousin, capitulation dont une des clauses portait que « la mort du sieur de Vauluisant, que l'on prétend avoir été tué par le sieur de la Feuillée, devait être déclarée advenue en temps d'hostilité, et comprise aux édits et déclarations du Roy sur la réduction des sieurs de Mayenne et du Plessis de Cosmes, pour estre lors du faict dont est question ledit de Vauluisant du party du Roy et ledit de la Feuillée du party du sieur duc de Mayenne, et, en conséquence, les sentences, jugements et arrêts donnés à la poursuite de ladite de Chauvigné, cassez et adnullez [1]. »

En amnistiant ainsi Charles du Bellay, malgré le crime odieux dont il s'était rendu coupable, Henri IV avait été obligé de sacrifier aux nécessités de sa politique conciliatrice. Mais il n'oubliait pas pour cela les amis de la première heure. L'année précédente, étant au camp devant Amiens (18 août 1597), il avait écrit au sieur de Montataire de se hâter de se rendre auprès de lui avec sa compagnie d'hommes d'armes afin de l'aider à résister au Cardinal d'Autriche qui allait arriver à la fin du mois au secours de cette ville assiégée par les Français [2]. Deux ans après (1599), il devait lui témoigner sa confiance d'une autre façon. Il lui écrivit le 20 mars pour lui donner avis qu'il l'avait choisi pour commissaire de l'exécution de son édit de pacification dans les provinces de Poitou, Angoulême et la Marche, avec le sieur du Pris, conseiller d'État [3].

Le seigneur et la dame du Boisfroust résidaient toujours à Montataire. C'est là que nous les voyons passer devant Max Lebel, notaire royal à Creil, plusieurs

1. Arch. nat., X [2b] 186.
2. Bibl. nat., Cab. des titres, dossiers bleus, 11.040, n° 37 : **extraits produits par Armand de Madaillan en 1724.**
3. *Ibid.*

actes relatifs aux successions de leurs parents respectifs. Ainsi, le 19 octobre 1599, « Jehan de Magdalian, chevalier, seigneur de Montataire, capitaine de cent hommes d'armes des ordonnances du Roy soubs la charge de Mgr le prince de Condé, en présence et du consentement de Salomon de Magdalian, écuyer, enseigne colonel du régiment de Navarre ; damoiselle Marie, Sarah et Élisabeth de Magdalian, ses frère et sœurs, donnent à Josias de Magdalian, aussi leur frère, seigneur de Ruis et de Mauru, son partage provisionnel dans la succession de défunt haut et puissant seigneur Louis de Magdalian, chevalier, seigneur de Montataire, et de noble et vertueuse dame Marguerite de Fay, leur père et père [1]. »

La même année, « Jehan de Magdalian, chevalier, seigneur de Montataire ; Judith de Chauvigné, sa femme et épouse, dé luy autorisée, demeurant audit Montataire, en leur chasteau seigneurial dudit lieu ; Messire Arnault de Beauville, chevalier, seigneur de l'Estelle, gentilhomme ordinaire de la chambre du Roy, et dame Isabelle, sa femme, aussy de luy autorisée, estant de présent audit chasteau de Montataire, icelles dames Judith et Isabelle de Chauvigné sœurs et héritières par bénéfice d'inventaire de défunt messire Claude de Chauvigné, vivant seigneur du dit lieu et de l'Isle d'Athée, gentilhomme ordinaire de la chambre du Roy, leur tuteur et curateur, » nomment un ou plusieurs procureurs pour les représenter dans les actes relatifs à la succession de ce dernier dont l'hérédité se trouvait, paraît-il, responsable de ce qu'il leur devait « tant en regard des meubles que des immeubles veneus des successions de feu messire Rolland de Chauvigné, leur père, frère aîné de Claude de Chauvigné, en qualité de leur tuteur et curateur par l'espace de vingt ans, sans leur avoir rendu aulcun compte [2] ».

<hr>

1. Bibl. nat., Dossiers bleus, *quo supra*.
2. Archives du château de Lassay : acte original en papier.

Cependant Jean de Madaillan et sa femme n'avaient pas renoncé, même après la pacification, à poursuivre en justice les meurtriers de l'infortuné Hurault de Villuisant. A défaut du principal coupable que la capitulation accordée à du Plessis de Cosme avait soustrait à leur vengeance, ils s'étaient retournés contre ses complices. Déjà deux d'entre eux, non des plus considérables il est vrai, Jean Lamy et Jean le Gascon, condamnés dès le 27 mai 1590, par une sentence du grand prévôt de l'Hôtel, à « estre pendus et estranglés, et auparavant la dite exécution à estre appliqués à la question », avaient subi cette peine [1]. Déjà aussi en 1596, des poursuites, à la requête de la dame de Montataire, avaient eu lieu contre les nommés Louvet et la Rivière [2]. En 1598, après la pacification, ce fut le tour de Jean Lambert d'être appelé par elle à rendre compte devant le lieutenant criminel au Mans de sa participation au guet-apens du 15 juin 1589. Le procès de ce dernier ayant été évoqué à la cour de Parlement à Paris, il fut amené prisonnier à la conciergerie, mais bientôt les parties furent renvoyées devant le « juge des exempts » à Laval. C'est alors que la veuve de Louis Hurault présenta au Parlement une requête prouvant qu'elle n'avait pas cessé, après tant d'années écoulées, d'avoir à cœur la punition des meurtriers de son premier mari. « D'aultant, » disait-elle, « qu'il y a divers complices et coupables de la dite accusation criminelle, lesquels ladite suppliante entend faire informer et leur faire faire leur procès ;... et doubtant néanmoins que le dit juge des exempts ou son lieutenant feissent difficulté d'en cognoistre », elle requérait (la Cour) « ordonner commission luy estre décernée adressante au dit juge... tant pour informer à l'encontre des dits complices en ladite accusation... et leur faire et parfaire leur procès jusqu'à sentence dé-

1. Voir Arch. nat., V⁵, 209 et 216 : arrêts du Grand Conseil des 18 juillet 1601 et 7 octobre 1602 ; et X²ᵇ 184 (20 juin 1598).

2. Arch. nat., X²ᵇ 175 : arrêt du 3 mai 1596.

finitive[1] ». Mais quoiqu'il eût été fait droit à sa demande, il semble bien que ce Jean Lambert n'ait pas tardé à être mis hors de cause, car nous ne voyons pas qu'il ait été question de lui en justice ultérieurement.

Nous n'en dirons pas de même en ce qui concernait Jacques Dupont, sieur de Fréderie. Ce complice de Charles du Bellay n'était pas un personnage aussi subalterne que les précédents. Il était évidemment le fils de Jean Dupont, sieur de la Fréderie, qui en 1575 était fermier de la terre du Boisthibault[2], et il avait pour sœur Renée Dupont, mariée avec Jean Espinay[3], de la famille de ces Espinay qui possédaient alors la terre seigneuriale de Montfoucault, en Melleray[4]. Or, dès l'année 1590, il avait été compris nominativement parmi les complices du sieur de la Feuillée dans la sentence du grand prévôt de l'Hôtel, et, de ce fait, condamné à la peine capitale[5]. En 1598, à la date du 1er octobre, à la suite d'une nouvelle information faite contre lui, il avait été décrété de prise de corps par le prévôt de l'Hôtel, et « emprisonné ès prisons de Fort-l'Évêque[6] ». Il opposa des fins déclinatoires, se prétendant aider, entre autres moyens, des traités et articles accordés tant au duc de Mayenne qu'au sieur du Plessis de Cosme[7]. Mais une sentence du grand prévôt (6 octobre) ordonna qu'auparavant de faire droit sur ces fins déclinatoires, il ferait apparoir de ces traités et articles invoqués par lui[8]. En vain la Chambre des vacations, ayant égard à sa demande, avait-elle retenu la connaissance de son procès criminel et ordonné qu'il serait amené à la Concier-

---

1. Arch. nat., X²¹ 184 : arrêts des 20 et 25 juin 1598 et août de la même année.
2. Voir notre *Histoire du Boisthibault*.
3. Arch. nat., V⁵ 216 : arrêt du Grand Conseil du 7 octobre 1602.
4. A. Angot, *Dictionnaire de la Mayenne*, v° Montfoucault.
5. Arch. nat., V⁶ 4 : arrêt du Conseil privé du 23 octobre 1598.
6. Arch. nat., V⁶ 4 : arrêt du Grand Conseil du 23 octobre 1598.
7. *Ibidem*.
8. *Ibidem*.

gerie [1] ; une autre sentence du prévôt de l'Hôtel (20 octobre) porta que, sans avoir égard au renvoi requis par lui, il répondrait et « seroit le procès à luy faict et parfaict, nonobstant opposition ou appellation quelconques » [2]. Les choses en étaient là, quand, le 23 octobre 1598, Judith de Chauvigné présenta elle-même au roi une requête « tendant à ce qu'il plût à Sa Majesté ordonner, nonobstant et sans s'arrêter aux défenses portées par l'arrest de la Chambre des vacations, le procès criminel estre faict et parfaict à Jacques Dupont, sieur de Fréderie, prisonnier au Fort-l'Évêque, par le prévost de l'Hostel, grand prévost de France, ou son lieutenant, » auquel avait été attribuée « toute cognoissance et juridiction, avec interdiction et deffense à tous autres juges, même à la court de Parlement, d'en cognoistre. » Cette requête ayant été aussitôt examinée par le conseil privé du roi, celui-ci, par son arrêt du même jour, y donna toute satisfaction [3]. Toutefois, malgré cette intervention royale, le Parlement ne se tint pas pour battu ; il fit amener l'accusé à la conciergerie du Palais, puis, comme la dame de Montataire persistait à regarder sa volonté comme non avenue, il avait, par son arrêt du 16 novembre 1599, enjoint à celle-ci de faire apporter au greffe, dans quinzaine, les informations et procédures faites contre Jacques Dupont, « faute de quoy seroit faict droict sur l'eslargissement par luy requis [4] ». Là-dessus, « au contemps des arrêts, édits et ordonnances par lesquelles la cognoissance des faits de guerre est interdite aux prévost des mareschaux », Judith de Chauvigné présenta une nouvelle requête au Conseil privé du Roi et en obtint un second arrêt (27 mars), portant défense à la cour de Parlement « de cognoistre du dit procès criminel [5] ».

1. Arch. nat., V⁶ 4 : arrêt du Grand Conseil déjà cité.
2. *Ibidem.*
3. *Ibidem.*
4. Arch. nat., X²ᵃ 150 : arrêt du 16 novembre 1599, mentionné dans l'arrêt du 7 décembre suivant.
5. Arch. nat., X²ᵇ 189 : arrêt du 19 juin 1599.

Les choses étaient donc toujours dans le même état quand, vers le milieu de juin, Jacques Dupont présenta à son tour à la cour suprême une requête contenant que, « contre tout ordre de justice, mesme contre plusieurs édits de pacification », la dame de Montataire l'avait « fait constituer prisonnier, sept mois sont, au Fort-l'Évesque, » afin de le faire « traiter extraordinairement » par le prévôt de l'Hôtel « comme prétendant l'accuser de la mort du feu sieur de Villuysant », mais que le Parlement, retenant « la cognoissance de la cause, avait ordonné que le suppliant serait amené en la conciergerie du Palais », où il était toujours. Il requérait en conséquence que, sans avoir égard à l'arrêt du Conseil privé, il serait ordonné que la dame de Montataire se conformerait aux arrêts du Parlement. Est-il besoin d'ajouter que celui-ci, par son arrêt du 15 juin 1599, s'empressa de faire droit à la requête du sieur de Fréderie [1] ? Ce dernier obtint même par deux arrêts de la cour (16 novembre et 7 décembre) son élargissement, à la charge de se représenter « toutes fois et quantes que par la dite court sera ordonné, en élisant domicile et en faisant les submissions acoustumées [2] ».

C'est de la sorte qu'après Charles du Bellay, Jean Lambert et Jacques Dupont étaient en train d'échapper, chacun à leur manière, à la vengeance de leur persécutrice. Celle-ci allait-elle du moins être plus heureuse contre un des principaux coupables, Jean d'Anthenaise, sieur de la Bigne ?

Ce lieutenant en quelque sorte du sieur de la Feuillée avait eu, nous l'avons vu, un rôle prépondérant dans l'assassinat du sieur de Villuisant, puisque c'est lui, incontestablement, qui lui avait porté le coup mortel. Aussi avait-il été, dès le 17 juin, décrété de prise de corps par le lieutenant criminel du Mans [3] ; il y

1. Arch. nat., X 2b 189 : arrêt du 19 juin 1599.
2. Arch. nat., X 2a 150 : arrêt du 7 décembre 1599.
3. Arch. nat., V5 212 : arrêt du Grand Conseil du 7 janvier 1602.

avait eu même information faite contre lui, le 11 décembre de la même année [1], et, dans sa sentence du 4 mai 1590, le grand prévôt l'avait cité en tête des complices de Charles du Bellay condamnés à « estre pendus et estranglés [2] ». Qu'était-il devenu ensuite ? Il y a tout lieu de croire qu'il avait suivi son chef en Bretagne, à moins qu'il ne fût à Craon avec du Plessis de Cosme.

C'est au commencement de l'année 1601 que nous le retrouvons, occupé à se défendre devant le Parlement contre les poursuites de Jean de Madaillan. Le 2 mars il adressait à la cour suprème une requête où il rappelait d'abord que le roi Henri IV, par ses « édit et articles accordés au duc de Mayenne et même au sieur du Plessis de Cosme, » avait « éteint et aboly » tout ce qui s'était passé « durant les derniers troubles » et « particulièrement la mort du sieur de Villuysant » ; puis il se plaignait de ce que « depuis peu de jours le sieur de Montataire, qui a espouzé la veusve du sieur de Villuysant, (agissant) de son authorité privée, sans décret ny assistance de justice », s'était « saisi de sa personne », sous prétexte qu'il avait « assisté à la mort du dit feu sieur de Villuysant », sans le vouloir « délivrer à la justice », et ce « pour le contraindre d'entrer en composition et tirer argent de luy, combien que le dit faict fust remis par les édicts et déclarations du Roy ». Il demandait en conséquence « qu'il fust amené prisonnier à la conciergerie du Pallais par le premier huissier ou sergent, et que, pour ce faire, le dit sieur de Montataire et tous ceux en la garde desquels il serait trouvé fussent contraints par corps de le délivrer au porteur de l'arrest (du Parlement sollicité par lui), avec delfense à tous juges de cognoistre du faict » dont était question. Le Parlement, par son arrêt du 2 mars 1601, fit droit à cette requête, et ordonna qu'il serait « informé de la

---

1. Arch. nat., V⁵ 212 : arrêt du 7 janvier 1602.
2. Arch. nat., V⁵ 209 : arrêt du Grand Conseil du 18 juillet 1601.

détention de la personne du dit Jehan d'Anthenaise en la maison de Montataire », etc. [1].

Cependant le 9 avril suivant, un arrêt du Conseil privé du roi décidait que, sans avoir égard à cet arrêt du Parlement, les charges, informations et procédures criminelles « faictes pour la mort du défunct Villuysant » seraient portées et envoyées au Grand Conseil et à ces fins le dit de la Bigne « amené et conduit sous bonne et seure garde ès prisons d'iceluy pour luy estre son procès, ensemble celuy de ses complices, faict et parfaict et jugé », etc. [2].

Le 29 mai, en conséquence, le Grand Conseil retenait « la cognoissance de la cause » et leur enjoignait de venir procéder devant lui au 1er juin [3]. De son côté, le 4 juin, Judith de Chauvigné présentait à cette juridiction une requête tendant à ce que « Jehan d'Anthenaise, dit de la Bigne », fût condamné « lui payer le despens du cheval mentionné par icelle depuis le jour de sa capture et emprisonnement, et que le dit cheval fût vendu ; et les deniers qui en proviendroient luy fussent délivrés pour le payement de la dite dépence, et que les archers qui avoient conduict le dit d'Anthenaise aux prisons du Conseil en feussent bien et deuement deschargés [4] ». Par contre, le sieur de la Bigne présentait le lendemain même une autre requête dans laquelle il demandait d' « estre eslargy des prisons où il estoit détenu et renvoyé absous de l'accusation mentionnée par la dite requeste, avec réparation d'honneur, condamnation de 2.000 escus d'amende, despens, dommages et intérêts, ou que la dite dame de Montataire fust condamnée luy rendre et restituer le cheval et hardes à luy prins lors de son emprisonnement [5] ». Le 7 juin, le Grand Conseil

1. Arch. nat., X² a 152 : arrêt du 2 mars 1601.
2. Arch. nat., V⁰ : arrêt du 9 avril.
2. Arch. nat., V⁵ 208 : arrêt du Grand Conseil du 29 mai 1601.
4. *Ibidem*. Arrêt du 7 juin.
5. Même registre, même arrêt.

statuait sur les deux requêtes opposées, ordonnait que le cheval serait rendu, sauf, en procédant au jugement du procès, à ordonner de sa nourriture.

Jean d'Anthenaise ayant présenté quelque temps après une requête tendant à faire ouïr et interroger la dite de Chauvigné sur les prétendus faits et articles, le Grand Conseil décida qu'il serait passé outre au jugement du procès criminel [1]. Et le 18, il cassa et annula la fameuse sentence du prévôt de l'Hôtel (4 mai 1590) et autres procédures faites par devant lui ; il faisait à Jean d'Anthenaise « pleine et entière mainlevée » de ses biens et ordonnait que « les commissaires establys au régime d'iceulx » lui en rendraient compte. En outre, avant que de faire droit sur la dite instance de crime et requête du 5 juin, le Grand Conseil ordonnait que « les tesmoings oys aux informations et aultres que la dite dame de Chauvigné » pourrait « de nouveau faire oyr, si bon luy sembloit, » seraient « recollés et, au besoing, confrontés audit d'Anthenaise, et le procès criminel à luy faict et parfaict jusques à sentence définitive exclusivement dans trois mois pour tous délais [2] ».

Ainsi le Grand Conseil, en ce qui concernait l'accusation criminelle intentée par la dame du Boisfroust au sieur de la Bigne, semblait faire table rase des procédures effectuées jusqu'alors par le grand prévôt de l'Hôtel, et entendait juger l'affaire à nouveau, mais cette fois avec toutes les garanties d'impartialité. Judith de Chauvigné devait éprouver une certaine déception. C'est qu'on n'était plus alors en temps de guerre civile, mais sous un gouvernement régulier et réparateur, cherchant avant tout l'apaisement des passions.

Un des premiers actes du Grand Conseil dans cet ordre d'idées fut de députer commissaire Me Marc-Antoine de Gourgues, conseiller en cette cour. Celui-ci, il

1. Arch. nat., V⁵ 209 : arrêt du 6 juillet.
2. Même registre : arrêt du 18 juillet.

est vrai, après avoir fait les 7, 23 et 25 du même mois des informations contre Jean d'Anthenaise, rendit le 24 août et le 5 septembre deux sentences qui furent plutôt défavorables à l'accusé. Par la seconde qui confirmait la première, il déclarait les récusations de témoins proposés dans l'intervalle par le sieur de la Bigne « impertinentes et non recevables », ordonnait qu'il serait « passé oultre à l'instruction du procès », et enjoignait à ce dernier de « nommer tesmoings pour la preuve des faits et reproches par luy proposés contre les témoings ouys » dans les informations qui venaient d'avoir lieu [1].

Quels étaient donc les témoins récusés, comme on dirait aujourd'hui, par la défense ? C'est ce que nous apprend un arrêt du Grand Conseil du 7 janvier 1602. C'étaient d'abord Geoffroy Morel, Duval de la Motte, Marin Le Moine et André de Froullay, personnages qui, pour la plupart, ne sont pas pour nous des inconnus. David de la Motte, sieur de la Hayerie, demeurant à Lassay, avait en 1596 été témoin à un acte passé devant un notaire de Niort par Marin Le Moine, au nom de Judith de Chauvigné, dame de Boisfroust ; fils sans doute de Louis de la Motte qui avait exercé à Lassay de 1559 à 1584 l'office de notaire ; il devait avoir pour frère Me Guillaume de la Motte, qualifié en 1594 officier du sieur de Montataire à l'occasion de l'hommage fait par celui-ci à Hauteville. C'était donc, comme on le voit, un des familiers de Jean de Madaillan et de sa femme. Quant à Marin Le Moine, sieur de Beauvais, demeurant à Lassay, on se souvient qu'en 1587, Louis Hurault de Villuisant l'avait chargé de le représenter dans la capitainerie du château, et en 1596, il avait, nous l'avons dit, passé un acte notarial au nom de la dame de Boisfroust. C'était donc également un familier de celle-ci ainsi que de son mari. Enfin André de Froullay, seigneur du dit lieu en Coues-

---

1. Arch. nat., V⁵ 212 : arrêt du 7 janvier 1602.

mes, près d'Ambrières, était cousin issu de germain de Judith de Chauvigné.

Les autres témoins contre lesquels Jean d'Anthenaise « proposait des reproches », étaient Jean Cosnard, Françoise Girouard, Jean Grosset, Mathurin Leschallier, André Jouheau, François Bonhomme, Noël Berton, Michel Marchant, Guillaume Achnier et Jean Bouchet. Il les récusait parce que, prétendait-il, « tous se sont vantez de se venger du dit d'Anthenaise et du sieur de la Feuillée pour avoir esté pillez par les soldatz des dits de la Feuillée et d'Anthenaise » [1].

Par ce moyen dilatoire, le sieur de la Bigne cherchait évidemment à retarder la marche du procès. Il ne s'était d'ailleurs pas opposé à ce que Mᵉ Marie-Antoine de Gourgues fût chargé d'informer des « faits justificatifs et des reproches » auxquels il avait recours [2].

Cependant, depuis le commencement de ce procès si long, quelques-uns des témoins appelés à éclairer l'action de la justice étaient décédés, et Jean d'Anthenaise réclamait que d'autres fussent nommés à leur place ; le Grand Conseil déféra à son désir par son arrêt du 21 mars [3].

De son côté, Judith de Chauvigné exprima le désir que les témoins fussent interrogés sur certains faits mentionnés à sa requête ; le Grand Conseil déféra également à ce vœu « fors et réservé sur le faict de sçavoir si les dits tesmoings ont assisté et porté les armes avec (Charles) du Bellay, seigneur de la Feuillée, ses frères, et ledit d'Anthenaise, depuis l'assassinat commis en la personne de Mᵉ Loys Hurault, sieur de Villuysant [4]. »

Le 9 mai 1602, le Grand Conseil, statuant sur une requête de Jean d'Anthenaise, toujours prisonnier à Fort-

---

1. Arch. nat., V⁵ 212 : arrêt du 7 janvier 1602.
2. Arch. nat., V⁵ 212 : arrêt du 7 février 1602.
3. Arch. nat., V⁵ 213.
4. *Ibidem*. Arrêt du 18 avril.

l'Évêque, autorisa son transport « sous bonne et seure garde » aux prisons de Corbeil et décida que les informations faites à sa requête, en exécution de l'arrêt interlocutoire du 7 janvier, seraient apportées au greffe du Conseil « aux frais et despens » de Judith de Chauvigné [1]. D'un autre côté, le 11 mai, cette juridiction, sur une requête à elle présentée par la dame de Montataire, ordonna qu'il serait convenu d'un certain nombre d'huissiers et archers « pour la conduicte et seureté de la personne du prisonnier », et de les faire assister par tels autres huissiers et archers qu'elle voudroit commettre à ses despens » pour empêcher qu'il ne s'évadàt [2]. Mais ce n'était pas la seule requête qu'à ce moment-là du procès Judith de Chauvigné eût présentée au Grand Conseil. Ce fut encore pour déférer à son désir que ce tribunal ordonna, le 23 mai, que dans quinzaine les parties remettraient respectivement leurs anciennes productions au greffe, « passé lequel temps, ladite de Chauvigné » pourrait faire procéder à la vérification des causes de récusation [3].

Enfin, le 4 juin, le Grand Conseil décida que, par les soins du rapporteur du procès, la dame de Montataire aurait « communication des noms, surnoms, qualités et demeurance des tesmoings oys sur les dicts faits pour contre iceulx tesmoings bailler reproches par escript » [4]. A cette époque, le sieur de la Bigne avait bien été amené par les huissiers et archers de Fort-l'Évêque en la ville de Paris, mais il fallut un nouvel arrêt, donné le 14 juin, pour qu'il fût « mené et conduict à la suite du conseil en cette mesme ville » [5].

Pendant ce temps, de nouveaux incidents ne cessaient de retarder la marche du procès. Jean d'Anthenaise

1. Arch. nat., V[5] 214.
2. *Ibid.*
3. *Ibid.*
4. *Ibid.*
5. Arch. nat., V[5] 215 : arrêt du 14 juin.

venait d'obtenir une commission pour faire procéder à la vérification de « certains prétendus seings et escriptures du feu sieur de Villuysant, tant par comparaison de lettres que par reproches à l'assignation à cette fin donnée au bourg de Lassay ». Sur quoi Judith de Chauvigné présenta, le 27 juin, requête tendant à ce que, sans avoir égard à cette commission, il fût ordonné que ledit d'Anthenaise serait « tenu, dans tel temps qu'il plaira au Conseil, faire apporter au greffe les pièces par la comparaison desquelles il entend faire vérifier les prétendus seings et lettres pour estre procédé à la comparaison d'icelles par experts qui seront pris en la ville de Paris, et seront comparans les prétendus tesmoings ». Le Conseil y consentit et par arrêt du 1er juillet il ordonna qu'il serait procédé à sa suite à cette « recognoissance et qu'à ceste fin ledit d'Anthenaise rapporterait lesdites escriptures »[1].

Ce même jour, 1er juillet, le Grand Conseil se montra défavorable à une requête présentée quelques jours auparavant par Jean d'Anthenaise. Il avait demandé qu'une assignation fût adressée par devant Me Nicolas Ladvocat, conseiller au Conseil, à la dame de la Feuillée, à ung nommé Corbinaye, frère de François Corbinaye[2], et à Pierre Blanchouin[3], pour estre oys sur certains faits contenus en sa requête. » Or il fut ordonné qu'il serait « passé oultre » à l'exécution de l'arrêt sur les faits en question[4].

Nous avons dit que Me Marc-Antoine de Gourgues, conseiller au Grand Conseil, avait été chargé par celui-ci de diriger comme commissaire député la procédure en ce qui concernait Jean d'Anthenaise. Or, la dame de Montataire n'était pas satisfaite de la façon dont opérait

1. Arch. nat., V⁵ 215 : arrêt du 1er juillet.
2. Jean de la Corbinaye était neveu du père de La Bigne (Arch. nat., V⁵ 216 : arrêt du 7 octobre 1602).
3. Pierre Blanchouin était, en 1611, notaire à la Cropte, près de Coudray, terre appartenant à Radegonde des Rotours.
4. Arch. nat., V⁵ 215, arrêt du 1er juillet 1602.

ce magistrat. Elle se fit donc recevoir appelante de toute la procédure faite par lui jusque-là [1].

Cependant le sieur de la Bigne, ainsi que l'ordonnait l'arrêt du Grand Conseil du 1er juillet, s'était vu obligé d'apporter au greffe les pièces pour la comparaison desquelles il entendait faire vérifier les prétendus seings ou lettres dont il voulait s'aider. Le 16 du même mois, un arrêt rendu à la requête de Judith de Chauvigné ordonna que le commissaire député ferait procéder à cette vérification « par experts et gens à ce cognoissans dont les parties conviendraient [2] ».

Un autre arrêt rendu le même jour, toujours à la requête de Judith de Chauvigné, prescrivit que Me Guy Lasnier, conseiller au Grand Conseil, s'abstiendrait d'assister et opérer au procès [3].

Quelques jours après, la femme de Jean de Madaillan présenta au Grand Conseil une requête par laquelle, pour justifier et faire apprécier des faits et reproches par elle proposés à l'encontre des témoins ouïs d'office par le commissaire député, elle avait besoin d'avoir « coppies et extraits de certaines informations, pièces, arrêts, jugemens, décrets et procédures estant au procès criminel pendant entre la dame de Cricquebeuf et le sieur du Plessis de Cosme ». Par suite, elle requérait que des copies lui en fussent délivrées, ce que le Conseil, par son arrêt du 26 juillet, s'empressa de lui accorder [4].

Tels étaient les incidents, sans cesse renaissants, qui retardaient le jugement définitif. Et pourtant, comme en fait foi la lettre suivante, écrite par Henri IV à Villeroy, à la date du 8 septembre 1602, l'intérêt que portait ce prince à Judith de Chauvigné ne s'était nullement refroidi :

« Monsieur de Villeroy, sur ce que la dame de Monta-

1. Arch. nat., V⁵ 215 : arrêt du 5 juillet.
2. *Ibidem*, arrêt du 16 juillet.
3. *Ibidem*, autre arrêt du 16 juillet.
4. *Ibidem*.

tayre, veuve du sieur de Villuysant, m'a faict supplier de luy accorder mes lettres patentes à ceulx de mon grand conseil par lesquelles il leur sera mandé que, si le rapporteur du procès criminel faict contre Jehan de Hautevayse *(sic)* dit de la Bique *(sic)* pour raison de l'assassinat commis par luy en la personne dudit Villuysant, luy estant à l'église, à genoux, oyant messe, ayt commencé à faire son rapport et les juges à y vacquer, en ce cas que je veux et entends qu'ils aient à continuer jusques à ce que arrest s'en enssuive nonobstant qu'ils soient hors de semestre, dont ils seront dispensés et des règles et ordonnances dudit conseil, attendu que depuis 13 ans ladite dame est à la poursuite dudit assassinat avec grands frais, y ayant consommé plus de 20.000 escus, et que, si le rapporteur qui en a instruit ne continuait d'en faire son rapport, et les juges d'y vacquer estant hors de semestre, au lieu de peu de vacations qui resteroient pour avoir arrest définitif s'ils estoient continués, il faudroit plus de 4 mois à un nouveau rapporteur pour s'en instruire, et à d'aultres juges ; qui est ce que ledit d'Hautevaise cherche pour tascher de s'évader et consumer en frais ladite dame de Montatayre. Je vous ay bien voullu faire ce mot pour vous dire que vous me ferez service très agréable de communiquer sur cette affaire avec Monsieur le Chancelier, et, s'il trouve la chose de justice (comme telle je la voye), d'en expédier les lettres nécessaires, comme chose que je désire, car, affectionnant ladite Montatayre comme je fay, je serai bien ayse de lui tesmoigner en ceste occasion ; et ceste cy n'estant à aultre fin, je prie Dieu qu'il vous ayt, Monsieur de Villeroy, en sa saincte et digne garde.

« Ce 8 septembre, à Verneuil.

HENRY [1]. »

C'est ainsi qu'Henri IV lui-même était intervenu dans

1. Voir la correspondance imprimée de Henri IV, t. VIII, p. 863.

ce procès qui durait depuis treize années, et cette intervention porta immédiatement ses fruits. Le mois ne s'écoula pas sans que le Grand Conseil eût statué définitivement sur l'affaire criminelle qui lui était soumise. Il condamnait le sieur d'Anthenaise à la somme de 1.500 écus de réparation envers Judith de Chauvigné, à 200 écus « pour estre employés à la fondation d'un obit qui sera célébré par chascun an le 15ᵉ jour de juing en la chapelle de Lassay ou environs, ou telle autre église que les héritiers dudit deffunct adviseront bon estre, pour prier Dieu pour l'âme du deffunct, 200 escus envers le Roy et 100 escus en œuvres pies, ainsy que par ledit conseil sera ordonné ; et jusques à parfaict payement desdites sommes ledit d'Anthenaise tiendra prison, et a ledit Conseil condamné ledit d'Anthenaise aux despens[1]. »

Ainsi s'était terminé le procès criminel intenté par Judith de Chauvigné contre Jean d'Anthenaise pour venger la mort de son premier mari. Restait, en ce qui concernait Charles du Bellay, puisque les édits et articles de 1598 l'avaient sauvé de la peine capitale, à exiger au moins le payement des 20.000 écus auxquels il avait été condamné. Or, on voit par plusieurs arrêts du Grand Conseil intervenus dans ce même mois d'octobre 1602 entre Radegonde des Rotours, femme du sieur de la Feuillée, et la dame de Montataire, que celle-ci, ne pouvant obtenir ce payement, avait fait saisir le carrosse et les chevaux de la dame de la Feuillée [2], pour laquelle d'ailleurs Jean de Champhuon, sieur du Ruisseau, avocat à la cour de Parlement [3], s'était porté caution.

1. Arch. nat., V⁵ 216.
2. *Ibid.*, arrêts des 14 octobre et 7 novembre.
3. Ce Jean Champhuon était probablement le fils de Jean Champhuon, avocat en Parlement, conseiller de la reine d'Ecosse, et de Claire Neau ; il avait pour frère Gilles Champhuon, tonsuré à Paris en 1573, et plus tard prieur de Couptrain, et pour sœur Madeleine Champhuon, mariée à Paris à Jérôme Pasquier, conseiller des Monnaies du Roi. Le Ruisseau, dont Jean Champhuon

Mais ce n'était pas tout. On a vu plus haut que dès
1596 Judith de Chauvigné avait fait mettre en criée la
terre du Boisthibault, saisie sur Charles du Bellay ;
l'adjudication n'eut lieu en réalité que le 22 mai 1603.
En effet, un décret du Parlement, rendu à cette date,
adjugeait à Mre Jean de Magdaillan, chevalier, sieur de
Montataire, la terre et seigneurie du Boisthibault, fond
et tréfond, ainsi qu'elle se poursuivait et comportait, et
métairies en dépendantes, sans en rien réserver ni rete-
nir, pour la somme de 42.330 livres [1].

Toutefois cette adjudication ne devait pas être définitive, car Charles du Bellay ne tarda pas à rentrer en
possession de la terre dont il s'agit. Il y eut sans doute
peu après une révision de l'acte d'adjudication, car nous
voyons, au commencement de janvier 1604, Judith de
Chauvigné, assistée de Jean Palot, notaire et secrétaire
du roi, présenter au Conseil privé une requête « tendant à ce qu'il plût à Sa Majesté casser, révocquer et
adnuller un arrêt du Grand Conseil du 17 novembre précédent obtenu par le sieur de la Feuillée pour empêcher
qu'il fût procédé au jugement du procès pendant pour
raison des despens et coutances de la rescétion et con-
signation des réparations adjugées par sentence du prévôt de l'hôtel [2] ». Ainsi la sentence du prévôt de l'hôtel
à laquelle il est fait ici allusion avait dû, croyons-nous,
annuler l'adjudication faite à Judith de Chauvigné de la
terre du Boisthibault. On voit même dans la requête que
nous venons de mentionner qu'il était question de faire
« rapporter et mettre par devers le rapporteur tout le
procès faict contre Jehan d'Anthenaise, sieur de la Bigne,
ensemble toutes les procédures faictes en Grand Conseil
avec l'arrêt définitif intervenu sur icelles [3] ». Comme on

se qualifiait sieur, est une terre située en la Cropte qui, en 1671,
appartenait à Gilles Champhuon (Voir A. Angot, *Dictionnaire de
la Mayenne*).

1. Arch. nat.. X^{1a} 9042, fol. 158.
2. Arch. nat., V^6 : arrêt du 7 janvier 1604.
3. *Ibid.*

le voit, il s'en fallait, même à cette époque, que le procès entrepris par la dame du Boisfroust contre les meurtriers de son premier mari fût entièrement terminé. En tous cas, nos documents s'arrêtent à cette date.

A l'époque où nous sommes arrivés, Jean de Madaillan et sa femme, qui ne venaient sans doute que très rarement habiter en passant leur terre du Bas-Maine, semblent en avoir confié la gestion à « honorable homme Gérard Maumousseau, sieur de Vaufleury » [1]. C'est en effet ce personnage que nous voyons en 1604 les représenter à l'occasion du reméré de la métairie de Beléclair, sur demoiselle Elisabeth Chorin, veuve de Salomon Bongard, écuyer, sieur d'Orgeval, qui demeurait à Lassay [2].

Le mari de Judith de Chauvigné continua, jusqu'à la mort tragique de Henri IV, en 1610, à jouir de la faveur de ce prince qui lui écrivait souvent en l'appelant son « bien bon ami », et, d'après la tradition, vint plus d'une fois le voir à Montataire. Et, après sa mort, la reine Marie de Médicis et son fils, le jeune Louis XIII, ne lui témoignèrent pas une moindre faveur, Par un brevet du 25 août 1611, « le Roy étant à Paris, de l'avis de la reine régente sa mère », accorda au sieur de Montataire, en considération de ses services, 4.000 livres de pension sur l'Epargne, et, par un autre brevet du 12 juin 1614, y joignit encore 4.000 livres [3].

Toutefois, remarque le baron de Condé dans son *Histoire d'un vieux château*, Jean de Madaillan n'allait plus alors à la cour. « Il s'était retiré à Montataire et

---

1. Comme Marin Le Moine et David de la Motte-Gérard, Maumousseau était, semble-t-il, depuis longtemps un familier de la maison de Chauvigné. Dès l'année 1585, il était « demeurant en la maison seigneuriale de la Drouardière, en la Baroche-Gondouin, » qui appartenait alors à Claude de Chauvigné.

2. Arch. du château de Lassay, Boisfroust ; acte original en parchemin.

3. Bibl. nat., Cabinet des titres, dossiers bleus. Généalogie de Madaillan, déjà citée.

n'en bougeait plus. Comme Sully, comme Bassompierre,
comme tous ces vieux types d'un autre règne, restés
habillés de cuir et de fer quand on ne se vêtissait plus
que de soie et de velours, loin d'oublier son vieux roi
assassiné, il se sentait pris pour lui d'une affection toujours croissante et qui finissait par devenir une sorte de
culte. Ce sentiment pieux, exclusif, passionné, partagé
à cette époque par une partie de la noblesse française,
était augmenté et par la mémoire des aventures de
guerre, des dangers courus ensemble, et par le contraste
absolu que présentait avec la cordialité pleine de ron-
deur de ce bon roi, le caractère de son fils, ce mélanco-
lique jeune homme, à la figure impassible, à l'humeur
défiante et aux manières glacées [1]. »

En 1617, Judith de Chauvigné était venue faire un
petit séjour au Boisfroust, comme nous l'apprend un
acte passé par elle à cette époque devant les notaires de
Lassay [2].

En 1625, elle fit deux héritages en Normandie et au
Bas-Maine. Elle venait de perdre d'abord sa mère, Françoise Lainé, remariée, comme nous l'avons dit, avec
François Millet, sieur du Creux, puis sa tante, Catherine de Chauvigné, remariée, elle aussi, avec Charles
de la Blanchardais. Or, la première était dame de Collières en Saint-Front, près Domfront, et la seconde
dame de Rennes-en-Grenouille et du Petit-Bois-de-
Maine.

Judith de Chauvigné eut donc à partager ces terres
avec sa sœur Isabelle, la dame de l'Estelle. De là procuration donnée le 26 octobre 1625 par devant Philippe
Leferré, « notaire et garde note en la ville et chastellenie de Creil », par Judith de Chauvigné, « femme et

---

1. Baron de Condé, *Histoire d'un vieux château*, p. 317, 318.
2. Arch. du château de Lassay, Boisfroust ; acte original en parchemin. On y voit que Denis Roger et damoiselle Marie du Boisfroust avaient été, dans les années précédentes, fermiers de la terre
du Boisfroust.

espouse de M⁰ Jehan de Magdalian, chevalier, seigneur de Montataire, Pont-Sainte-Maxence, Roberval et autres lieux, demeurant au chasteau du dit Montataire », à M⁰ Isaac de Madaillan, chevalier, baron de Montataire, leur fils aîné, pour la représenter dans les partages en question et y procéder en son nom [1].

Jean de Madaillan vivait donc encore à la date du 26 octobre 1625, mais il mourut évidemment peu de temps après, car l'année suivante nous voyons les plaids de cette même seigneurie de Rennes, dont Judith de Chauvigné venait d'hériter, tenus au nom de celle-ci, qualifiée « veufve de feu Mʳᵉ Jehan de Madaillan, dame douairière du dit Montataire, et propriétaire des terres et seigneuries de Chauvigné, le Boisfroust, le Horps, la Vayrie, Commerçou, le Boulay et Septforges [2]. »

Ses enfants étaient :

1° Isaac, que nous venons de citer et que nous retrouverons quelques années après comme seigneur du Boisfroust ;

2° Philippe, plus tard partagé de la terre de Chauvigné, et qui sera l'auteur de la branche de ce nom ;

3° Guy, à qui échut la terre de Roberval ;

4° Anne, mariée avec Jean Palot, conseiller du roi en ses finances, lui-même veuf de Louise Hurault, une des deux filles du premier mari de Judith de Chauvigné.

Ceux-ci se partagèrent au commencement de 1627 la succession paternelle. Mais Jean de Madaillan, en mourant, avait laissé à sa femme en douaire la terre de Montataire qui aurait dû échoir tout de suite à Isaac de Madaillan pour sa part d'aîné dans cette succession. Aussi Judith de Chauvigné s'empressa-t-elle, pour désintéresser ses enfants, et en particulier Isaac, de passer le 5 mars 1627, devant Jacques Legay et Claude

1. Arch. du château de Lassay, Boisfroust ; acte original en parchemin.

2. *Ibid.* ; registre en papier.

Perlin, notaires au Châtelet de Paris, un acte par lequel elle leur abandonnait par donation entre vifs tous ses immeubles [1]. C'est ainsi que, du vivant de sa mère, Isaac de Madaillan allait devenir propriétaire de la terre du Boisfroust où nous allons le voir résider pendant quelques années.

Quant à la dame de Montataire, elle passa le reste de sa vie dans le manoir qu'elle avait en douaire, et y mourut vers l'année 1636 [2].

C'est donc Isaac de Madaillan qui, à partir de 1627, était seigneur propriétaire de la terre du Boisfroust, où il résidait quand il n'était pas à l'armée. Comme presque tous les gentilshommes de son temps, il avait en effet embrassé de bonne heure la carrière militaire. Dès les premières années du règne de Louis XIII, il avait obtenu la charge de guidon des gens d'armes du prince de Condé dont son père était toujours lieutenant, et, en 1622, le Roi « estant à Paris » lui avait donné 4.000 livres de pension sur l'Épargne, et ce, « tant en considération de ses services que de ceux du sieur de Montataire, son père [3] ».

En 1627, par contrat du 15 avril, reçu par Baudre et Comtesse, notaires au Châtelet de Paris, il épousa « Jeanne de Varigny, fille de M⁰ Tanneguy de Varigny, chevalier, seigneur de Blainville et autres lieux, conseiller du roy en ses conseils d'Estat et privé, capitaine de 50 hommes d'armes de ses ordonnances, et lieutenant pour S. M. au gouvernement de Normandie », et d'Antoinette du Parc, son épouse. Le seigneur du Boisfroust était qualifié en cette circonstance « seigneur de Montataire, Pont-Sainte-

1. Voir aux archives du château de Lassay. Boisfroust, le contrat de mariage d'Isaac de Madaillan avec Jeanne de Marigny.

2. Judith de Chauvigné vivait encore le 18 avril 1636, date d'une quittance délivrée par elle à son fils Isaac (Bibl. nat., f. fr. 11904, fol. 157).

3. Bibl. nat., Cab. des titres, dossiers bleus, Preuves généalogiques de Madaillan déjà citées.

Maxence et autres lieux ». Il est dit d'ailleurs « demeurant audit Montataire », et les parents de la future « au dit lieu de Blainville, vicomté de Caen ». Isaac de Madaillan était assisté dans son contrat, sans parler de sa mère, de ses deux frères « Mre Philippe de Madaillan, chevalier, seigneur de Chauvigny », et « Mre Guy de Madaillan, seigneur du dit lieu de Madaillan et de Roberval », et de ses deux sœurs utérines, Judith Hurault, « veuve de Mre Robert Chouet, seigneur de la Bretonnière et Hugueville », et « Louise Hurault, femme de noble homme Jean Pallot, conseiller secrétaire du roy ».

Quant à Jeanne de Varigny, elle avait auprès d'elle, outre ses parents, « Mre Jacques de Varigny, seigneur et baron de Biars », son frère, dame Adrienne de Varigny, sa sœur, épouse de Mre Pierre de Saint-Anctoney, chevalier, seigneur de Tordone ; dame Catherine de Voisine, épouse de « Mre Jean de Varigny, chevalier des ordres du roy, conseiller en ses conseils d'Estat et privé, premier gentilhomme de la chambre », oncle paternel ; « Mre Gédéon de Vic, chevalier, conseiller du roy en ses dits conseils, cornette de la compagnie des chevau-légers de S. M., et dame Catherine de Boulainvilliers, son épouse », cousins germains ; enfin « Henry Martel, chevalier, seigneur de Rennes et autres lieux et grand chambellan de Monsieur, frère unique du roy », cousin de la dite demoiselle de Varigny.

Les futurs étaient mariés sous le régime de la communauté avec séparation de dettes. Isaac de Madaillan assurait en douaire à sa future épouse 4.000 livres de rentes « du jour de son décès », au payement duquel douaire il obligeait « chascuns ses biens présens et à venir, spécialement la terre dont elle aura la jouissance pour son habitation » ; en outre, elle devait avoir, « sa vie durant, l'une des maisons de Montataire ou du Bois-froust » ; enfin, « en faveur et contemplation » de ce mariage, Judith de Chauvigné consentait qu'Isaac de Madaillan jouît dès lors des « terres et seigneuries du Bois-

froust, le Horps, la Vayrie, Commerçon, Septforges
et le Boullay ». De son côté, ce dernier laissait à sa mère
« la jouissance des terres de la succession du dit feu
seigneur de Montataire, son père [1] ».

Comme les deux familles étaient protestantes, le mariage religieux fut célébré quelques jours après au tem-
ple de Charenton [2].

Les deux nouveaux époux vinrent s'établir au manoir
du Boisfroust, ainsi que le prouve l'acte suivant relatif
à l'achat de la Grande-Métairie, en Niort.

Nous avons vu plus haut qu'Isabelle de Chauvigné,
la sœur cadette de Judith, avait eu dans sa part de la
succession de leurs parents, outre la terre de Fontenailles au Haut-Maine, la Grande-Métairie en Niort,
détachée de la terre du Boisfroust. Or, au commencement de 1628, Mre René de Beauville, qui avait hérité
des biens de sa mère, et Anne du Rivau, sa femme,
vendirent à leur cousin, Isaac de Madaillan, cette métairie si éloignée de leur principale résidence. L'acte fut
passé le 14 janvier devant Jacques Duboys « notaire
juré de la court du Mans, demeurant en la paroisse de
Rennes », et l'acheteur, qui s'y qualifie seigneur « de
Montataire », indique comme sa demeure ordinaire « le
lieu seigneurial du Boifroust [3] ».

Cette même année eut lieu, comme on sait, le siège
de la Rochelle, et le fils de Jean de Madaillan y servit
sous les ordres du duc d'Elbœuf contre ses coreligion-
naires, ce qui lui valut en 1632 une pension de 4.000 livres, qui devait être portée en 1644 à 7.000 [4]. On a pré-
tendu que c'est seulement à cette dernière date que, de
retour de Hollande, où il aurait pris du service, il se

1. Arch. du château de Lassay, fonds Boisfroust, original en
papier.
2. *Ibidem.*
3. Fonds Boisfroust, original en parchemin.
4. Bibl. nat., *ubi quo supra*, Preuves généalogiques des Madaillan.

serait fait catholique [1], mais son abjuration remonte plutôt, selon nous, à l'année 1632, et ainsi s'expliquerait la faveur qu'il aurait reçue cette année-là de Louis XIII. Nous le verrons d'ailleurs, en 1633, faire remettre en état la chapelle Sainte-Anne du Boisfroust, ce qui prouve bien que sa conversion au catholicisme était antérieure à cette époque.

En 1630, par acte du 11 février passé devant les notaires du Châtelet de Paris, Isaac de Madaillan, transigeant avec Jean Le Maire, sieur du Clos, acquit de celui-ci la métairie du Petit-Fresne, paroisse du Horps, Par contre, le 17 décembre de la même année, il vendit à Mᵉ René Foucher, licencié en droits, sieur de la Breneudière, avocat à Lassay et y demeurant, la métairie et la closerie du Grand et du Petit-Chaumezières, également situées en la paroisse du Horps [2]. Il est vrai qu'il ne tarda pas à en exercer le réméré (15 décembre 1637) [3].

L'année suivante, par acte passé le 8 mai 1631 devant Pierre Hubert et Raoul Belloche, tabellions royaux en la vicomté de Domfront, il vendit, pour la somme de 6.300 livres, à Charles de Royers, seigneur de la Brisolière, les terres, fiefs et seigneuries de Septforges, Couterne, Cheviers et le Boullay, compris la réunion de Rouencestre, qu'il avait acquis en janvier 1628 de René de Beauville, seigneur de Fontenailles [4].

Dans tous ces actes, aussi bien que dans celui de 1628, Isaac de Madaillan se dit : « demeurant au lieu seigneurial du Boisfroust ».

A l'époque où nous sommes arrivés, le mari de Jeanne de Varigny avait déjà eu de son union avec celle-ci trois enfants : une fille, Antoinette, et deux fils, Louis et

---

1. Bibl. nat., *ubi quo supra*, Preuves généalogiques des Madaillan.

2. Arch. du château de Lassay, original en parchemin.

3. *Ibidem*, original en parchemin.

4. *Ibidem*, original en parchemin.

François, qui ne furent sans doute pas baptisés, selon les formes catholiques, dans l'église de Niort. Mais il n'en est pas de même d'un troisième fils qui devait lui naître vers 1632. Ce dernier enfant, nommé René, fut tenu sur les fonts de l'église de Niort par René du Bellay, seigneur de la Feuillée et du Boisthibault, parrain, et par Françoise de Froullay, marraine. Comme on le voit, et en rapprochant ce fait de ce que nous avons déjà dit plus haut, c'est bien dans le cours de l'année 1632 qu'Isaac de Madaillan avait dû abjurer le protestantisme [1]. Mais le baptême qui venait d'être célébré dans l'église de Niort n'est pas seulement remarquable pour nous en prouvant la récente conversion du seigneur du Boisfroust ; ce qui doit nous frapper encore davantage, c'est de voir en cette circonstance le fils de Judith de Chauvigné accepter pour parrain de son enfant le fils de ce même Charles du Bellay en qui celle-ci avait si longtemps poursuivi le meurtrier de son premier mari.

Isaac de Madaillan, dans ces derniers mois de l'année 1632, ne s'était pas contenté de faire baptiser son enfant selon les rites de l'église catholique. Il songeait dès lors à remettre en état l'antique chapelle Sainte-Anne du Boisfroust que son ancêtre René de Chauvigné avait fait édifier à la fin du xve siècle, et dont il augmenta la dotation par un acte du 18 janvier 1633, en y faisant nommer un chapelain.

Cet acte, passé devant René Foucher, notaire, licencié en droit, sénéchal de la seigneurie du Boisfroust, est trop long pour pouvoir être reproduit ici dans son entier ; il contient néanmoins quelques passages trop intéressants pour être passés sous silence.

Et d'abord, pour bien affirmer sa conversion au catholicisme, le seigneur du Boisfroust dit qu'il va faire la

---

1. Peut-être son cousin germain, Michel de Madaillan, fils de Josias, seigneur de Roberval et de la Drouardière, et qui nous apparaît en 1620 comme prieur de la Baroche-Gondouin et curé de Niort, n'avait-il pas été étranger à sa conversion.

fondation dont il s'agit « en l'honneur de Dieu et de nostre mère sainte église catholicque, apostolique et romaine ». Puis, après avoir rappelé que la chapelle Sainte-Anne avait été autrefois construite et bâtie par René de Chauvigné, « proche la maison du Boisfroust, en la première court d'icelle » ; que les titulaires de la chapellenie y annexée devaient dire le lundi de chaque semaine une messe « à l'honneur de la glorieuse sainte Anne », et que la dotation de ceux-ci devait consister en cent sols de rente à percevoir tous les ans aux fêtes de la Toussaint et de la Chandeleur sur la recette de la terre et seigneurie du Boisfroust, il portait cette dotation à 30 livres de rente, à la charge toutefois de dire dorénavant « une aultre messe à chascun jour de vendredy en la dite chapelle ». Cette somme annuelle de 30 livres devait être perçue aux fêtes de la Purification et de la Toussaint, et toute la terre du Boisfroust y était affectée, mais « particulièrement le lieu et mestayrie de la Chaugonnière ». Et, ajoutait Isaac de Madaillan, — ce passage est des plus intéressants — « d'aultant que, pour raison des troubles et guerres, on auroit discontinué de dire et célébrer la Saincte Messe en la dite chapelle, laquelle auroit esté réhabilitée depuis peu de temps, et qu'il n'y avoit aulcun chappelain », il nommait à cette fonction « Me Jean Juas, prestre de la paroisse de Nyor », qui était chargé de célébrer les messes en question soit en la dite chapelle, soit en l'église de Niort, « sçavoir celle de lundy à l'autel de Notre-Dame, et celle de vendredy devant l'autel de Monsieur Sainct Hippolyte [1] ».

En 1634, dans un acte relatif à l'acquisition d'un champ près de la Chaugonnière, Isaac de Madaillan est dit encore « demeurant en la maison seigneuriale du Boisfroust [2] ». Mais l'année suivante, après la mort de Judith de Chauvigné, il abandonna sans doute sa rési-

---

1. Arch. du château de Lassay, fonds Boisfroust, original en parchemin.

2. *Ibidem*, original en parchemin.

dence du Boisfroust pour Montataire. Ce qui est certain, c'est qu'à partir de 1637, différents actes nous le montrent ne résidant au Boisfroust que momentanément [1]. Il sera même dit en 1642 « demeurant ordinairement au chasteau de Montataire, pays de Picardie [2] ». Et pourtant ses séjours au Bas-Maine, à cette époque, étaient encore assez fréquents et assez prolongés pour qu'on voie, le 3 décembre 1638, « Mre Louis de Magdalian », son fils aîné, parrain en l'église de Saint-Fraimbault de Lassay, avec demoiselle Gillette de la Touche, de Louis Fouscher, fils du notaire et sénéchal de la seigneurie du Boisfroust [3]. De même, le 11 mars 1639, le fils aîné du seigneur du Boisfroust, alors qualifié « comte de Montataire », tient sur les fonts de l'église de Niort Louis Espiard ; enfin, le 3 mai de la même année, « René de Magdalian, fils de Monsieur de Montataire », est parrain en la même église de René Bonhomme [4], sans doute un petit-fils du notaire à qui, à la fin du xvie siècle, nous avons vu Judith de Chauvigné confier ses intérêts.

D'ailleurs, ce qui achève, mieux que toute autre raison, de prouver que, même en ayant alors sa principale résidence à Montataire, Isaac de Madaillan était loin de se désintéresser de la terre qui lui venait de ses ancêtres maternels, c'est l'acquêt fait par lui en 1639 de la châtellenie de Lassay, mise en vente par décret du Parlement sur les héritiers de Charlotte du Tillet, et qui lui fut adjugée en mars de cette année-là. Dès lors, il est vrai, l'histoire de la terre du Boisfroust va se confondre avec celle du château et de la châtellenie de Lassay. Toutefois, comme le château de ce nom n'était alors

---

1. Voir notamment, *ibidem*, au mois de décembre 1637, bail de la Grande-Métairie en Niort, acte original en parchemin.

2. Arch. du chât. de Lassay. Constitution de procureur devant les notaires au Châtelet de Paris par Isaac de Madaillan.

3. Registres paroissiaux de la paroisse de Saint-Fraimbault, conservés à la mairie de Lassay.

4. Registres paroissiaux de la paroisse de Niort, conservés à la mairie de cette commune.

qu'une forteresse peu habitable, sauf pour des gens de guerre, c'était toujours le manoir du Boisfroust qui servait de résidence aux nouveaux seigneurs de Lassay, quand ils venaient dans le pays.

Isaac de Madaillan dut y faire un petit séjour au commencement de novembre 1645, car le 5 de ce même mois, nous voyons son fils Louis parrain, en l'église de Niort, de Louis de Pillervain, fils du seigneur de la Rivière-Monfoucault[1]. Le même jour, par acte « fait et passé en la ville de Lassay, maison de M° René Fouscher, sieur de la Breneudière », avocat fiscal au dit lieu, il achetait de François de la Cigogne, seigneur du Bois-de-Maine, les fiefs de Melleray en Niort[2], acquisition grâce à laquelle tout le territoire de cette dernière paroisse, à peu de chose près, allait se trouver dans la mouvance directe de la seigneurie du Boisfroust.

Après la mort d'Isaac de Madaillan, arrivée en novembre 1651, le manoir du Boisfroust, ainsi que la terre de Lassay, donnés peu de temps auparavant par lui à son fils aîné Louis de Madaillan, à l'occasion de son mariage avec Suzanne de Vipart, continuèrent à appartenir en propre à ce dernier. Mais ce n'était pas au manoir du Boisfroust qu'il résidait ; c'était au château même de Lassay, qu'il venait de rendre plus habitable au moyen d'un nouveau corps de logis élevé en forme d'équerre, partie devant la porte d'entrée et partie sur la barbacane. Toutefois, cette nouvelle construction ne devait pas être entièrement terminée en décembre 1652, car c'est encore dans la maison seigneuriale du Boisfroust que nous voyons à cette époque-là Jeanne de Varigny, la veuve d'Isaac, qui demeurait alors à Montataire, Louis, son fils aîné, et Gaston et Angélique, les plus âgés des cadets, se réunir pour procéder aux partages provisoires de la succession de leurs père et mère[3]. Mais en 1658,

1. Registres paroissiaux de Niort.
2. Arch. du chât. de Lassay, original en parchemin.
3. *Ibidem*, original en papier.

dans un acte passé devant les notaires au Châtelet de Paris, Louis de Madaillan, alors qualifié « seigneur marquis de Lassay et de Montataire », est dit « demeurant ordinairement à Lassay [1]. »

En 1668, à l'occasion de la recherche de la noblesse du Maine, « Mre François de Madaillan, seigneur baron de Marsillé et autres lieux », frère cadet de Louis, est dit « demeurant paroisse de Niort », c'est-à-dire au Boisfroust[2], que Louis, après les partages de 1652, lui avait sans doute abandonné comme résidence. Mais par les derniers partages de 1668[3], François de Madaillan, s'étant vu attribuer la terre de la Laire, au Ribay, y transféra aussitôt sa demeure[4]. Il avait épousé Hélène de Bricqueville.

Cependant en 1672, à la suite d'une ordonnance rendue par l'évêque du Mans, on avait dû, paraît-il, cesser de dire la messe dans la chapelle Sainte-Anne du Boisfroust. Très contrarié de ce nouvel état de choses, le petit-fils du huguenot Jean de Madaillan ne tarda pas à faire en sorte que l'autorité diocésaine ne pût lui refuser plus longtemps la célébration du divin service dans sa chapelle. Pour cela, il fit d'abord constater par le vicaire de Niort, Me Louis Oger, que la chapelle en question était bien en état et réunissait les conditions requises, ce que celui-ci attesta dans les termes suivants :

« Nous, Louis Oger, prestre, vicaire de la paroisse de Niort, pour l'absence de D.-M. Michel Le Jemble, prestre, curé de la dite paroisse, certifions que la chapelle Sainte-Anne, édifiée en la dite paroisse de Niort, dans la première cour de l'entrée de la maison seigneuriale du Boisfroust, est d'ancienneté, sans être connexe

---

1. Arch. du chât. de Lassay, acte original en papier.

2. Chambois et Paul de Farcy, *Recherche de la noblesse dans la généralité de Tours en 1666*, par Voisin de la Noiraie, publiée en 1895, article *Madaillan*.

3. Arch. du château de Lassay, original en papier.

4. Ed. Leblanc, *Histoire de la Laire (Bulletin de la Commission hist. de la Mayenne)*.

ny attachée à aucun bastiment, estant en très bon estat de réparation, et dans laquelle il y a un autel bien préparé et proportionné pour dire et célébrer la saincte messe avec deux crédences aux bouts du dit autel, ornée de tableaux ; pour le service de laquelle il y a calice et platine d'argent, aubes, chasubles et tout ce qui est nécessaire pour la célébration du service divin ; en haut de laquelle chapelle il y a une cloche atachée et balante ; grande et ancienne porte pour entrer dans la dite chapelle, en laquelle on avoit de coustume de dire et célébrer deux messes par chaque semaine, fors depuis le temps prohibé par l'ordonnance de Mgr l'illustrissime et révérendissime évesque du Mans. En foy de quoy nous avons signé le présent procès-verbal comme véritable, pour servir ce que de raison.

« Ce 22ᵉ aoust 1674.

« L. Oger, vicaire[1]. »

Muni de ce certificat, Louis de Madaillan l'envoya aussitôt à l'évêché du Mans en l'accompagnant d'une requête où, résumant les faits contenus dans ce certificat, et ajoutant que les messes avaient été discontinuées depuis l'ordonnance de l'évêque, et que la chapelle était éloignée du bourg de Niort de plus d'une demi-lieue, il sollicitait la permission de « faire dire et célébrer en la dite chapelle la saincte messe à tousjours », suivant l'intention des fondateurs[2]. Cette permission lui fut d'ailleurs accordée dès le 7 septembre suivant, à la charge de garder et entretenir de point en point les règlements des ordonnances synodales du 15 septembre 1672 en ce qui concernait l'heure et le temps de la célébration dans les chapelles[3].

De son union avec Suzanne de Vipart, fille de Guillaume de Vipart-Silly, marquis de Sainte-Croix, et inhu-

---

1. Arch. du chât. de Lassay, fonds Boisfroust, original en papier.
2. *Ibidem*, original papier.
3. *Ibidem*, original papier.

mée le 22 février 1676 dans la chapelle des Bénédictines
de Lassay, Louis de Madaillan avait eu un fils unique,
Armand, qui, né en 1652, et veuf en premières noces de
Marie-Marthe Sibour, s'était remarié, l'année même de
la mort de sa mère, avec la belle et déjà très célèbre
Marianne Pajot, dont il était depuis longtemps très
épris. Fille de l'apothicaire de Madame de Montpensier,
celle-ci n'en avait pas moins, comme on sait, failli devenir duchesse de Lorraine. Pour obtenir le consentement
de son père, très opposé à ce mariage, Armand de Madaillan avait dû consentir à un arrangement en vertu
duquel il reçut en toute propriété le marquisat de Lassay. « La noce », dit le comte Pierre de Ségur[1], « avait
eu lieu loin de Paris, sans éclat et sans assistance. Le
public fut longtemps sans en soupçonner rien... Le roi
seul en fut averti, et, pour marquer son consentement,
ajouta 25.000 écus à la maigre dot de Marianne. Lassay
quitta subrepticement, et sans prendre congé, le monde
brillant où il avait jusqu'alors vécu, se démit même
bientôt de sa charge d'enseigne des gendarmes du roi,
et le couple ignoré s'en alla cacher son bonheur dans la
terre du Boisfroust. » Le cadre nous est facile à imagi-
ner, grâce à l'aveu détaillé rendu quelques années après
au roi Louis XIV par le fils de Louis de Madaillan pour
son marquisat de Lassay, précieux document où se
trouve une description aussi complète que possible du
manoir du Boisfroust et de ses dépendances immédiates
dans cette seconde moitié du XVIIe siècle :

« Premièrement, mon manoir et maison, écuries, quatre tours au coin de la principale cour d'icellui, le tout
couvert d'ardoises, une fontaine avec jet d'eau et un
bassin au milieu de la dite cour, close de murailles, deux
portaux d'entrée et sortie, ma chapelle fondée de Sainte-
Anne étant placée au bout de ma dite cour, trois petites
tours proches les dits portaux, une terrasse étant au-

---

1. Voir dans la *Revue de Paris*, 15 mars 1901, son article sur
Armand de Madaillan, intitulé un *Héros de roman au grand siècle*.

dessous, plantée d'espaliers, et dans laquelle j'ai mon entrée par la principale cour pour entrer en ma dite maison, un pigeonnier ou colombier à quatre piliers étant entre les dites douves et le petit étang ci-dessous ;

« *Item* mon bois de haute futaye étant au derrière de ma dite maison, et dans les bois il y a plusieurs allées dans lesquelles il y a bassin à jet d'eau ;

« *Item* mon jardin clos de hautes murailles avec des tours aux coins et milieu des dits murs pour la demeure des jardiniers, contenant ledit jardin 4 journaux de terre ou environ ; en haut duquel jardin il y a un grand canal d'eau et au dessus sont, au milieu d'icelui, trois viviers ou réservoirs, dont l'eau flue dudit canal et de degré en degré se conduit dans mes douves, et dans lequel grand canal il y avait jet d'eau, au dessus duquel canal est la grande prée,... dans laquelle est une fontaine couverte, d'où procèdent les eaux qui fluent par tuyaux pour l'entretien des dits bassins et jets d'eau et service de l'office de ladite maison, et en un des côtés de laquelle prée est un pail mail de longueur de 300 pas ou environ et de 10 en largeur ;

« *Item* ma chasse ou advenue à mon dit manoir du Boisfroust du dit Lassay, plantée à divers rangs de châtaigniers, contenant en longueur 400 pas ou environ ;

« *Item* mon plant d'arbres fruitiers contenant 3 journaux ou environ, situé au dessus de mon dit jardin, proche la porte de la sortie de ma dite première cour [1]. »

Tel était à cette époque le manoir du Boisfrout où Armand de Madaillan et Marianne Pajot étaient venus abriter leur bonheur intime, loin des yeux indiscrets. Comme on le voit, leur retraite romanesque avait pour cadre de beaux dehors avec un grand jardin, remarquables surtout par des bassins à jet d'eau alimentés par de nombreux canaux souterrains.

---

1. Arch. du château de Lassay. Cahier en parchemin contenant l'aveu rendu au roi en 1687 pour le marquisat de Lassay, par Armand de Madaillan.

Ajoutons que c'était évidemment le mari de Marianne Pajot qui, soit par goût personnel, soit pour plaire à sa compagne et occuper leurs loisirs, avait dû, dans les premiers temps de leur installation au Boisfroust, y créer tous ces embellissements. Car, chose curieuse ! ce « figurant du grand siècle » [1], qui, quelques années auparavant, ne respirait que les aventures guerrières, et qui, plus tard, trouvera la vie intolérable loin de Paris et de la Cour, avait, ainsi que l'a remarqué Sainte-Beuve, le goût des jardins. Nous en avons pour preuve une lettre écrite par lui quelques années plus tard à une dame italienne, propriétaire d'une charmante villa à Bagnera, près Viterbe, lettre d'où nous détachons, après l'illustre critique des *Lundis*, les passages suivants : « Vous ne m'aviez point dit assez de bien de Bagnera, Madame ; c'est le plus aimable lieu du monde que j'aie jamais vu : on y trouve en même temps une belle vue, de grands arbres aussi verts qu'en France et qu'il ne faut point aller chercher, et des quantités de fontaines qui vont quand les maîtres n'y sont point. Jamais ordre n'a été plus utile que celui que vous avez donné au jardinier de les faire toutes aller : elles n'attendent pas vos ordres pour jeter des torrents de la plus belle eau du monde... Je vous demande encore de faire abattre, à hauteur d'appui, la muraille qui est devant vos fenêtres, car cette muraille vous donne une vue effroyable et vous en cache une fort belle, et, si on prétend qu'elle est nécessaire pour votre maison, il n'y a qu'à faire un petit fossé derrière. Je souhaiterais encore une chose, ce serait de remplir de fleurs et d'orangers la petite allée qui est à droite en entrant, et d'abattre les murs qui enferment votre parterre ; vous verriez quelle gaieté cela lui donnerait. » Assurément, en écrivant ces lignes, le marquis de Lassay parlait en connaisseur ; on devine qu'il avait pratiqué lui-même ce qu'il recommandait si

1. C'est ainsi que Sainte-Beuve appelle Armand de Madaillan, à qui, dans les *Premiers Lundis*, il a consacré deux articles.

bien, et, pour qu'il ne subsiste là dessus aucun doute dans notre esprit, il termine sa lettre à sa correspondante italienne par cette phrase qui prouve bien que, même alors, le souvenir du Boisfroust et de Marianne Pajot n'avait cessé de planer sur sa pensée et sur son imagination : « ... Vivre en paix dans un beau séjour, avec une personne qui ne vit que pour vous, y avoir une compagnie de gens qui vous conviennent, est une vie qui n'est propre qu'à un fainéant comme moi [1]. »

La châtelaine du Boisfroust était d'ailleurs une personne bien digne sous tous les rapports du culte passionné que lui avait voué son mari. Entr'autres qualités morales qui la distinguaient, on la disait très pieuse, et c'est en effet pour elle, sans aucun doute, qu'Armand de Madaillan avait tenu à ce qu'on pût célébrer la messe trois fois par semaine dans la chapelle de son manoir, comme nous l'apprend le traité suivant passé à la fin de 1677, entre lui et un prêtre, Louis Chaignon :

« Nous, Louis Chaignon, prêtre, et Charles de Salcède, escuyer, agissant pour M. le marquis de Lassay comme son procureur, consentons ce qui suit : c'est que moy, Chaignon, me submets et m'oblige dire et célébrer pendant six années, qui commenceront au 1er jour de l'année prochaine, trois messes par chaque semaine, qui seront les jours de dimanche, jeudy et vendredi, en la chapelle du Boisfrou, audit seigneur appartenant ; et où il se rencontrera jour de feste dans la semaine, j'y célébrerai messe ; quoy faisant serai deschargé d'aultant qui seraient à célébrer aux jours ouvriers de la dite semaine ; pour l'honoraire desquelles trois messes moy, de Salcède, promets au susdit nom payer audit sieur Chaignon annuellement la somme de 50 livres, payable de six mois en six mois également. Fait et attesté sous nos seings, ce 28e de décembre 1677.

« L. Chaignon.   de Salcède. [2] »

1. Sainte-Beuve, étude déjà citée, à la fin du premier article.
2. Arch. du chât. de Lassay, fonds Boisfroust, original en papier.

Cependant, continue Pierre de Ségur, « cette lune de miel se prolongeait depuis bientôt six ans, toujours brillante et sans éclipse, quand la foudre tomba sur ce bonheur tranquille et le réduisit en poussière. Au mois d'octobre 1681, Marianne, qui n'était âgée que de quarante ans, fut prise à l'improviste d'un mal qui, dès l'abord, mit toute la science des médecins en déroute ; elle mourut le 19 du mois, en cette même demeure du Boisfroust où s'étaient écoulées les seules années heureuses qu'elle eût jamais connues dans sa brève existence. « Elle meurt entre mes bras, écrit douloureusement Lassay, et en mourant elle ne songe seulement pas à la vie qu'elle perd ; elle n'est occupée que de mon affliction et ne regrette que moi [1]. »

Ses obsèques, qui eurent lieu le 21 en l'église paroissiale de Niort, furent célébrées par le curé de cette paroisse, assisté d'un grand nombre de membres du clergé environnant, puis son corps fut déposé dans le cloître des religieuses bénédictines de Lassay, à côté de sa belle-mère, Suzanne de Vipart, qui l'y avait précédée, on s'en souvient, cinq ans auparavant. Voici comment le curé de Niort de l'époque a consigné sur le registre paroissial ce triste événement : « Le 19 octobre 1681, dame Marie-Anne Pajot, marquise de Lassay, âgée environ de 40 ans, est décédée au logis seigneurial du Boisfroust, paroisse de Niort, et, le 21 du même mois, son corps fut déposé sous le cloistre des dames religieuses de Lassay par moi prestre, curé de Niort, assisté de nos prestres et de Messieurs les curés de Saint-Fraimbault de Lassay et du Horps, et de Messieurs leurs prestres et de plusieurs autres paroisses voisines [2]. »

Nous n'avons pas à dépeindre ici, après Sainte-Beuve et Pierre de Ségur, la douleur qui s'empara de l'âme désespérée du malheureux marquis de Lassay. Il nous suffira de dire qu'il ne pouvait plus supporter la vue des

1. Article de la *Revue de Paris* déjà cité.
2. Registres paroissiaux de Niort.

lieux désormais vides de la présence de celle qui était tout pour lui ; il abandonna aussitôt le Boisfroust et se retira dans un des faubourgs de Paris, près l'hospice des Incurables, dans une retraite qu'il s'était fait faire au fond d'un grand jardin. Toutefois, bien que depuis cette époque il ne soit revenu au Bas-Maine qu'à de rares intervalles, il continua, pendant tout le reste de sa vie, en souvenir de cette épouse si regrettée qu'il avait vue si souvent agenouillée dans la chapelle du Boisfroust, à y faire célébrer par l'abbé Chaignon, puis par d'autres chapelains, les trois messes par semaine établies par l'acte du 28 décembre 1677.

L'abbé Chaignon habitait d'ailleurs le château du Boisfroust. C'est lui qui, en janvier 1686, quand Lassay sera revenu de la campagne de Hongrie, servira dans l'église de Saint-Fraimbault de parrain à une des femmes turques sauvées par celui-ci de la prise d'assaut de la ville de Neuhausen et amenées par lui à Lassay [1]. L'année suivante, il fera un baptême en l'église de Niort [2]. En 1700, « Mʳᵉ Armand de Madaillan de Lesparre, marquis de Lassay, baron du Boisfroust, le Horps et autres lieux », continuant à témoigner à ce digne ecclésiastique le plus reconnaissant intérêt, lui obtiendra la chapellenie de Saint-Gilles de Charchigné, desservie en l'église de Saint-Julien-du-Terroux [3]. L'abbé Chaignon mourut vers le milieu de l'année 1713 ; il demeurait encore au château de Lassay [4]. Ainsi Armand de Madaillan, même après son troisième mariage en 1696, n'avait pas cessé de regarder comme un véritable ami ce modeste prêtre dont la vue lui rappelait les années de bonheur qu'il avait autrefois passées au Boisfroust avec Marianne Pajot.

Dans les années qui avaient suivi la mort de la seconde

1. Registres paroissiaux de la paroisse de Saint-Fraimbault.
2. Registres paroissiaux de Niort.
3. Manuscrits d'Almire Bernard, conservés à la Bibliothèque de Laval.
4. *Ibidem.*

femme d'Armand de Madaillan, outre l'abbé Chaignon,
le manoir du Boisfroust avait encore pour habitant « hon-
nête personne Michelle Morand », qui y décéda et fut inhu-
mée le 15 décembre 1693 en l'église de Niort [1]. De même
en 1694 nous voyons résider au château M° Guillaume
Liout, sieur de Saint-Blaise, et demoiselle Marguerite
Devel, dont la fille, Marguerite-Françoise, fut baptisée
le 4 novembre à la même église. Cette enfant avait pour
parrain : « M° Clément Quelquejeu, sieur du Coudray »,
et pour marraine : « demoiselle Françoise Tanquerel,
veuve de feu Monsieur de Montaigu, docteur en méde-
cine, demeurant en la ville de Mayenne [2].

Pendant le cours du XVIII° siècle, le château du Boisfroust, de plus en plus abandonné comme résidence seigneuriale, et par conséquent mal entretenu, dut peu à
peu tomber en ruines, bien que les aveux de 1743 et de
1769 continuent à reproduire, comme toujours vraie, la
description de 1667. En tous cas, la carte de Cassini
l'indique comme un château ruiné.

Au XIX° siècle, cet état de déchéance n'a fait malheureusement que s'accentuer toujours davantage, mais
cette déchéance est restée du moins très poétique, grâce
à la superbe porte de la fin de la Renaissance qui donne
entrée à la cour de l'ancien manoir, et aux magnifiques
futaies de hêtres dont ces ruines sont encore entourées.
Et c'est ce qui faisait dire à Victor Hugo, lorsqu'il vint
en 1836 visiter le Boisfroust, après avoir vu le château
de Lassay et le manoir du Boisthibault : « Le troisième
« (de ces châteaux) n'est plus qu'une ruine, mais une
« ruine située au milieu des arbres les plus beaux et les
« plus farouches du monde. » Description qui, aujour-
d'hui encore, n'a pas cessé d'être vraie, à condition de
substituer le mot pittoresque au mot farouche.

1. Registres paroissiaux de Niort.
2. *Ibidem.*